대한민국에서
가장 쉽게 쓴
주식책

주식 투자의 기초를 다지는 7단계 Step!

대한민국에서 가장 쉽게 쓴 주식책

구용욱 지음

나만의 성공 법칙을 찾아가는 투자 입문서

시원북스

꾸준한 주식 투자를 위한 필독서

초보 주식 투자자, 주식 투자에 올인하기 어려운 직장인, 주식 투자 중도 포기 경험자, 주식 투자를 꾸준히 하고 싶은 사람들은 반복해서 읽기를 권한다. 실전 투자를 위한 준비물, 경제적 자유를 가져다줄 기업 발굴 노하우, 쫓기지 않으면서 돈을 불리는 방법 등이 선명하게 담겨 있다. 자주 꺼내 펼쳐보면 반드시 도움이 된다.

─국회의원 홍성국, 전 대우증권 사장

성공 투자자가 되기 위한 투자 기본 매커니즘 제대로 알기

투자는 실력과 함께 운의 영향도 많이 받는 영역이다. 강세장에서는 비교적 쉽게 돈을 벌 수 있지만 자신이 얻는 이익이 실력 때문인지, 아니면 시장이 만들어 준 것인지는 분명하지 않다. 시장은 늘 오르고 내리는 사이클을 그리는지라 강세장에서 부풀어 올랐던 자의식 과잉은 약세장에서는 '무주식이 상팔자'류의 자기비하로 바뀌곤 한다. 또한 강세장에서는 쪽집게를 자처하는 예언자들이 우후죽순격으로 나타나지만, 이들은 다음 사이클에서는 신통력을 잃어버리는 경우가 대부분이다. 주식투자는 분위기에 들뜬 충동적 행위가 아니라, 충분한 학습을 기반으로 한 신중한 선택의 행위여야 한다. 지식을 쌓는다고 꼭 돈을 버는 것은 아니지만, 제대로 모르면 필패이다. 투자의 기본 메커니즘을 제대로 아는 것은 성공 투자자가 되기 위한 최소한의 필요조건인 셈인데, 초보 투자자에게 도움이 될 만한 좋은 책이 나왔다. 구용욱 저자는 28년이라는 시간을 주식시장의 애널리스트로 보냈다. IMF 외환위기와 IT버블, 중국 특수로 나타났던 장기 강세장, 글로벌 금융위기, 코로나 팬데믹에 따른 급락과 이후의 V자형 반등 등을 모두 현장에서 경험했고, 거시경제 분석과 기업 분석을 모두 해본 리서치 업계에서도 보기 드문 경력의 소유자이기도 하다. 풍부한 지식과 현장경험을 가진 저자가 쓴 이 책이 개인 투자자들에게 큰 도움이 되리라 확신한다.

—신영증권 리서치센터장 김학균

정보가 넘쳐나는 시대, 중요한 정보를 찾기 위한 기본 쌓기

주식투자를 왜 할까? 돈을 벌기 위해서 한다. 다른 이야기를 하는 사람은 사기꾼일 가능성이 높다. 주식투자를 통해 돈을 벌기 위해서는 어떻게 해야 할까? 중요한 것이 무엇인지 알아야 한다. 중요한 것을 발견하기 위해서는 기본으로 돌아가야 한다. 기본으로 돌아가 중요한 것을 알고 주식투자를 통해 돈을 벌고자 하는 모든 사람들에게 이 책은 필요하다. 수많은 정보가 넘쳐나는 시대다. 그러나, 단언하건대 정보의 양과 투자의 성패는 인과관계가 없다. 주식투자를 위해 기본을 쌓고 중요한 정보를 찾고자 한다면 유튜브 시청을 줄이고 이 책을 꼭 읽어 보길 권해드린다.

—광수네, 복덕방 대표(전 미래에셋증권 애널리스트) 이광수

주식 투자,
긴 여정의 시작

투자란 무엇일까?

필자는 인생이 투자의 연속이라고 생각한다. 투자를 단순히 돈으로 돈을 버는 것이라고 생각하면 이 말에 동의하기 어려울 것이다. 하지만 시간과 노력을 투자한다는 말을 자주 사용하고 있음을 떠올려 보면 범위를 넓혀서 투자에 대해 생각해 볼 수 있다. 실제로 대부분의 사람들은 그동안 무엇인가를 이루기 위해 많은 투자를 해 왔다.

투자를 하는 이유

투자를 하는 이유는 이루려는 목표가 있기 때문일 것이다. 어려서는 일어서서 걷기 위해서 많은 시간과 노력을 투자했다. 그 이후로는 새로운 것을 배우기 위해, 취업하기 위해, 자신만의 꿈을 이루기 위해서 많은 것을 투자해 왔다.

주식 투자도 목표가 중요하다

이 책은 인생에서 이루어지는 여러 투자 중 하나인 주식 투자에 집중한다. 또한 주식 투자 방법에 대해 기존과 다른 새로운 시각으로 접근해 본다. 특히 초보 주식 투자자들이 주식 투자에 어떻게 접근해야 장기간 시장을 떠나지 않고 투자를 이어가며 부를 만들어갈 수 있을지에 대한 고민을 담고 있다. 주식 투자의 기본을 이야기할 것이기 때문에 이미 주식 투자에 입문한 사람들에게도 도움이 될 것이다. 물론 복잡한 계산이나 숫자를 최대한 멀리하여 누구나 부담 없이 접근할 수 있도록 하였다. 이를 위해 이 책은 주식 투자의 목표 설정에 대한 이야기로 출발한다. 주식 투자의 목표를 제대로 설정해야 체계적이고 논리적인 접근이 가능해져 운에 맡기지 않는 장기 투자자가 될 수 있다. 주식 투자 과정에서 극복해야 할 장애물도 많은데 이를 위해서도 구체적인 목표가 중요하다.

투자 방법을 습득하는 법

투자의 방법은 직접 시행착오를 겪거나 간접 경험을 통해 습득할 수 있다. 시행착오는 체득하는 것이기 때문에 가장 확실한 학습 방법이지만 투입돼야 할 비용과 노력이 많다는 단점이 있다. 이를 보완해주는 것이 간접 경험이지만 자신만의 투자 방법을 깨

우친다는 보장이 없다. 초보 주식 투자자 입장에서는 시행착오와 간접 경험을 절충하면 좋은데 깔끔한 해결책을 찾기 어렵다.

주식 투자 단계별로 설명해 주는 주식 입문서

이 책은 주식 투자자에게 깔끔한 해결책을 제시하려는 취지에서 출발하였다. 투자 현장에서 접한 주식 투자에 실패한 다양한 사례들과 이에 대한 해결책 제시를 한 경험 등에서 주식 투자에 가장 필요한 것은 기본이라고 생각했다. 또한 여러 가지 주식 투자 입문서 중에서 주식 투자를 단계별로 설명해 주는 자료가 없다는 아쉬움도 있었다. 이를 고려해서 주식 투자의 기본적인 방법을 단계별로 설명하는 형식으로 구성하였고 여느 주식 투자 입문서와는 다른 시각으로 사례를 들어 쉽게 설명하려 하였다. 초보 주식 투자자가 알면 쓸모 있는 내용을 담고 있어 가볍지만 가볍지 않은 주식 투자 가이드북이라고 자평해 본다.

이 책의 구성

본 책의 구성은 크게 2개의 Part로 구성되어 있다. 첫번째 Part는 Step 1~4로 이루어져 있다. 주식 투자를 시작하기 위한 준비 과정에서 실제 투자를 하게 되는 단계까지 단계별로 설명하였다. 두번째 Part는 Step 5~7로 이루어져 있다. Step 1~4의 단계 중 필수적인 내용을 심화 학습하는 단계로 실제적인 내용들로 좀 더 자세히 설명하였다.

독자분들께 당부하고 싶은 기본의 중요성

이 책은 주식 투자의 기교보다는 기본에 대한 것이다. 초보 주식 투자자들은 항상 흔들릴 수 있고 장기 투자자의 긴 여정에서 수많은 유혹을 만날 수 있다. 이러한 고비를 만날 때마다 이 책을 통해 주식 투자의 기본을 다시 한번 생각하며 극복할 수 있기를 바라며 항상 기본의 중요성을 잊지 말기를 바란다.

마지막으로

본업과 원고 작성을 병행하는 것은 쉽지 않은 작업이었다. 하지만 이를 지켜보고 기다려 주는 것이 더 힘들었을 것이다. 직장 초년병이었던 대우경제연구소 시절 경제 전망 자료를 발간하기 위해서 여러 연구원들의 원고를 취합하고 편집하는 업무를 담당했었다. 이때 힘들었던 것은 편집하기 위한 야근과 밤샘보다는 각 자료들을 보내오기를 기다는 것이었다. 이 책의 원고 마감이 늦어지는 중에도 기다려 주신 시원북스 관계자분들께 가장 고마움을 느낀다. 이 책의 프로토타입이 되었던 방송 원고 작성과 관련해서 많은 아이디어와 조언을 아끼지 않았던 아내와 두 딸들에게도 고맙다는 말을 전하고 싶다. 특히 아내의 건강이 좋아지기를 희망해 본다.

2023년 11월
구용욱 씀

PART 1

마인드 세팅하기

I

주식 투자를 시작하며

주식 투자를 하기 전 무엇을 준비해야 할까?

주식 투자를 시작하기 전에 준비해야 하는 것은 무엇일가? 이 질문에 대해 다양한 답변을 생각해 볼 수 있다. 이미 주식 투자를 시작하고 있는 사람들에게 물어보면 주식 매매를 할 수 있는 계좌와 시스템이 필요하다고 할 것이다. 직관적으로 주식을 사고 팔기 위해 필요한 수단 또는 도구가 필요하다고 생각할 수 있기 때문이다. 다른 관점에서는 확실한 정보가 필요하다고 대답하는 사람들도 있을 것이다. 여기서 확실한 정보라는 것은 대부분 확실하게 오를 종목을 의미한다. 어떤 종목을 사야 하는지 잘 모르니까 확실하게 오를 종목을 찍어 달라는 것이다. 아니면 총을 쏘려면 총알이 필요하기 때문에 투자할 목돈이 필요하다는 답변도 나올 수 있다. 그밖에 다양한 답변들이 나올 수 있을 것이다.

하지만 많은 사람들은 주식 투자를 하기 전 어떤 준비를 해야 할 것인가를 생각하기 보다는 주식 투자를 해서 돈을 벌어야겠다는 생각을 먼저 한다. 투자도 하기 전에 주식에 투자해서 돈을 번다는 생각에 가슴이 벅차오르는 경우도 있다.

증권 회사에 근무하는 사람들은 여러 모임에 가게 되었을 때 평소 친하게 지내는 사람들로부터 좋은 종목을 콕 짚어 달라는 이야기를 자주 듣게 된다. 좋은 종목이라는 말은 일명 대박 종목을 의미하는 경우가 많다. 증권 회사 직원들은 대박 종목을 알고 있다는 환상이 존재한다. 그런데 주식 투자를 하기 위해서는 어떤 준비가 있어야 하고 투자 대상 주식을 고르기 위해서는 어떤 노력이나 지식이 필요하냐는 질문을 받아 본 기억은 거의 없다. 돈을 벌겠다는 욕망은 있지만 그 욕망을 어떻게 실현할 것인가에 대한 고민이 없는 것이다. "물고기를 잡아주지 말고 낚시하는 법을 알려주라"는 격언이 생각나는 대목이다.

주식 투자를 하기 전 놓치기 쉬운 것, 마인드 세팅

주식 투자를 위해 필요한 것을 고민할 때 놓치기 쉬운 것이 마인드 세팅mind setting이다. 마음먹기나 결심하기 정도로 해석해 볼 수 있을 것이다. 시작이 반이라는 말이 있다. 무슨 일을 하더라도 마음을 먹고 시작하기가 어렵다는 의미이다.

매년 새해만 되면 수많은 사람들이 일출을 보려고 동쪽으로 이동하거나 전국 곳곳에서 열리는 일출 행사에 참석하기도 한다. 대부분 새로운 마음으로 새해를 맞이하겠다는 생각 때문일 것이다. 하지만 새로운 시작을 맞이하면서 각오를 다지고 치밀한 계획을 세우는 것도, 그 실행을 막는 것도 자기자신인 경우가 많다. 새해를 시작하고 얼마 지나지 않아 작심삼일이라는 단어가 자주 등장하는 것은 우연의 일치가 아닐 것이다. 큰 계획을 세우고 그 계획을 추진하는 과정에서 직면하게 되는 수많은 유혹과 장애물을 넘어서는 주체는 남이 아니라 자기 자신인 것이다.

주식 투자도 크게 다르지 않다. 그냥 주식을 사서 주가가 오르면 팔고 오르지 않으면 오를 때까지 기다리는 것이 실제 주식 투자는 아니기 때문이다. 주식을 사서 보유하는 중에 갖은 풍파가 일어날 수 있고 자신이 생각한대로 주가가 움직이는 것도 아니다. 그리고 주식 시장에 관심을 갖기 시작하면 주변에서 여러 가지 정보가 들려오는데 제대로 된 정보인지 잘못된 정보인지 정확하게 파악하기 어려운 경우도 많고 자신의 의지에 상관없이 정보가 들려오기도 한다. 특히 요즘은 수많은 정보가 여과 없이 전달되고 있어 분별하기가 더욱 어려워지고 있다. 그만큼 많은 정보가 있다는 것인데 이 점이 주식 투자에 도움이 되기도 하지만 오히려 주식 투자를 어렵게 할 수도 있다.

　주식 투자를 하는데 필요한 것에는 여러 가지가 있겠지만 결국 마인드 세팅을 견고하게 하지 않고는 성공하는 주식 투자자가 되기 어려울 것이다. 주식 투자를 하루이틀만 할 생각이 아니라면 마음을 단단히 먹고 부단한 노력을 기울여 꾸준하게 투자할 수 있도록 해야 할 것이다. 본론에 들어가기도 전에 주식 투자를 시작하는 초보자들을 심리적으로 압박하는 것 같지만 그만큼 마인드 세팅의 중요성을 실감하고 있기 때문에 강조하지 않을 수 없다. 앞으로 설명하는 내용들을 잘 숙지하고 실행해 보면 주식 투자가 그렇게 어려운 것은 아닐 것이다.

II

초보자가 투자에 실패하는 이유

주식 투자에 성공하기 위해서 실패하는 이유를 알아보자

마인드 세팅에 대해서 이야기하기 전 초보자들이 주식 투자에 실패하는 경우를 먼저 생각해 볼 필요가 있다. 주식 투자 실패 원인을 알면 실패하지 않는 방법을 찾을 수 있을 것이기 때문이다. 주식 시장에서의 다년간 경험을 바탕으로 생각해보면 자신의 판단 기준 없이 주식에 투자할 때 실패하는 경우가 많았다. 특히 초보 주식 투자자의 경우 더더욱 그랬다. 그나마 많은 경험을 가진 투자자는 남의 말을 듣고 주식을 샀더라도 리스크 관리를 할 정도의 감을 어느 정도 가지고 있기 때문이다.

주식 투자를 잘 하는 방법을 쉽고 간단하게 말하면 가장 쌀 때

사서 가장 비쌀 때 파는 것이다. 하지만 거의 불가능한 방법이다. 실제로는 가장 쌀 때와 가장 비쌀 때를 맞추는 것이 가장 어려운 일이기 때문이다. 주가가 상승할 때는 계속 오를 거 같고 주가가 하락할 때는 마냥 하락할 것만 같아 비쌀 때 사고 쌀 때 팔 가능성이 높은 것이다.

중요한 것은 자기만의 판단 기준

이러한 결과가 나올 수 있는 것은 자기만의 판단 기준이 없기 때문이다. 자신만의 기준이 있다면 그 기준에 맞춰서 적정한 주가 수준을 생각해 볼 수 있고 과도한 주가 움직임이 나타나더라도 크게 흔들리지 않고 적절한 투자 판단을 내릴 수 있을 것이다. 그렇게 되면 주식 매매에서 주식을 팔아야 할 때 사고 주식을 사야 할 때 팔게 되는 엇박자가 발생할 위험을 줄일 수 있을 것이다.

주식 투자에 실패하는 경우는 크게 두 가지 정도로 생각해 볼 수 있다. 주식에 투자할 때 자신의 판단 기준이 없다면 남의 말에 의존하게 되면서 주식 투자에 실패하는 경우가 많다. 또한 초보 주식 투자자가 과도하게 빚을 내서 주식에 투자하는 경우에도 주식 투자에 실패하는 사례가 많다. 그 밖에도 금융 위기와 같은 글로벌 경제, 금융 시장 전체에 충격이 발생하는 경우 투자에 실패하는 경우도 있지만 이러한 경우는 시장 전체의 리스크 발생에 기인하는 것으로 여기서 이야기하려는 것과는 다른 문제이다. 개별 주식 투자자의 경우만을 생각해 보기로 한다.

남의 말만 듣고 주식 투자하는 경우

남의 말에 의존하는 주식 투자의 문제점

남의 말만 듣고 주식을 사는 건 쉽다. 남이 사라고 하는 주식을 그냥 사면되기 때문이다. 특히 주식을 매매할 수 있는 다양한 수단이 생겨나서 주식 시장이 열려 있는 시간에는 인터넷에 연결할 수 있는 어느 곳에서나 주식을 거래할 수 있다. 하지만 주식 투자에서 중요한 것은 사는 것만은 아니다. 파는 것도 중요하고 주식을 보유하는 동안 발생하는 리스크를 관리하는 것도 중요하다는 점을 간과해서는 안 된다.

남의 말을 듣고 주식을 샀다고 해도 자신의 판단 기준을 가지고 있다면 리스크 관리를 할 수 있기 때문에 장기 투자를 할 수 있다. 그러나 자신의 판단 기준이 없다면 리스크 관리가 어렵고 장기 투자도 어려울 것이다. 자신만의 판단 기준이 없다면 운運이 나의 투자를 지켜주는 유일한 수단이 될 것이다. 요즘 온라인에서 작은 물건 하나를 사더라도 상품 이용 후기, 평가 점수 등을 이

리저리 따져보고 가격 비교 사이트를 찾아 가격 수준까지 살펴본다. 그런데 항상 변화 요인이나 이슈가 발생하고 있는 주식에 투자하는데 자신의 판단 기준 없이 남의 말과 운에 맡기는 것은 무엇인가 문제 있는 행동이 아닐 수 없다.

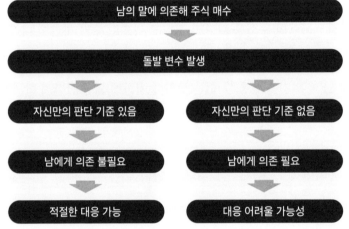

남의 말에 의존해 주식 투자를 한 경우

기업의 성장성에 확신을 가지고 A기업 주식에 투자하였다고 하자. 어느 날 A기업과 관련한 이슈가 발생하였는데 그 영향으로 주가가 하락하였다면 그 이슈로 인해 A기업의 성장성이 훼손될 것인지를 점검해 보아야 할 것이다. 성장성이 A기업 주식을 매수한 주요한 투자 포인트이기 때문이다. 점검해 본 결과 그 이슈가 일시적인 수익성 하락과 관련된 것이고 매출 성장성에는 아무런 문제가 없는 것이라고 한다면 투자자 자신이 주식 시장의 반응에 동조힐 필요가 없을 것이다. 보통 주기기 그게 조정을 받으면 팔고 싶은 생각이 들 수 있다. 하지만 투자할 때 생각해 두었던 판단 기준인 기업의 성장성이 훼손된 것이 아니라면 급하게 주식을 팔 이유가 없는 것이다.

만약 기업의 성장성이라는 자신의 기준이 없이 '남'이 사보라고 해서 A기업의 주식을 샀다면 이슈 발생으로 주가 하락이 나타날 때 이를 추천해 준 '남'의 판단에 의존할 수밖에 없을 것이다. 이때 '남'의 의견을 들을 수 없는 상황에 처하게 되면 난감해 할 수밖에 없다.

A기업의 기초 체력에 문제가 없이 주가가 하락한 상황에서 '남'과 연락이 안되어 의견을 들을 수 없는 경우를 생각해 보자. 연락이 되지 않는데 주가는 하염없이 흘러내리고 있어 추가 손실을 막기 위해 급하게 주식을 처분할 수도 있다. 또한 '남'으로부터 연락을 기다리다 주식을 팔지 못할 수도 있다. 물론 주식을 팔지 않았다면 손실을 회복하고 장기적으로 수익을 볼 수도 있을 것이다. 하지만 급하게 팔았다면 손실을 확정하게 되었을 것이다. 이후 재매수 결정도 '남'의 의견에 따라야 하기 때문에 실제 재매수를 생각하기 어려울 수도 있다. 자신의 기준이 없어서 '남'에게 의존하는 것은 어떤 상황이 발생했을 때마다 동전 던지기를 해서

대응 방안을 결정하는 것과 같은 것이다. 남의 말만 듣고 주식을 사고 파는 것은 투자가 아니라 투기나 도박이라고도 할 수 있다.

남의 말에 의존하는 대표적 사례, 주식 리딩방

최근 주식 리딩방을 이용하는 주식 투자자들이 있다. SNS 사용이 활발해진 가운데 주식에 대한 관심이 높아지면서 리딩방이 성행하게 된 것이다. 주식 리딩방은 검증되지 않는 사람들이 운영하는 사설 채팅방이 대부분이라고 할 수 있어 불법적인 것들이 많다. 초보 주식 투자자의 경우 투자 방법이나 종목에 대한 정보에 문외한이기 때문에 주식 리딩방에 의존하게 될 수 있다. 언론 보도에 따르면 주식 리딩방 정보로 주식 투자에 성공했다는 사람도 있지만 피해를 보는 경우가 더 많은 것으로 알려져 있다.

초보 주식 투자자의 경우 자신만의 판단 기준이 확고하지 않기 때문에 리딩방 운영자들에 이용당하거나 휘둘릴 수 있다. 주식 리딩방에서는 매수 대상에 대한 정보가 제공되는데 검증 과정을 거치지 않은 정보일 수 있어 정보를 신뢰하기 어려울 것이다. 초보 주식 투자자는 정보의 진위 여부를 파악하지 못하는 경우가 많아 투자 실패로 이어질 수 있다. 특히 주식 리딩방 운영자들이 나쁜 의도를 가지고 있는 경우에는 자기도 모르게 더 큰 문제에 휘말릴 수도 있다.

주식 리딩방을 통해 피해를 볼 가능성이 높아

먼저 주식 리딩방에 가입한 초보 주식 투자자가 생각하는 낙관적인 경우를 이야기해 보자. 상당한 수의 사람들이 가입한 주식 리딩방이 있다고 하자. 주식 리딩방 운영자가 A라는 주식을 사전에 매수한 후 주식 리딩방 참여자들에게 그 주식을 매수하라고 추천한다. 처음에는 주식 투자자는 적극적으로 매수에 동참하지 않고 적당한 거리를 두고 관망한다. 그런데 주식 시장이 개장한 직후 리딩방 운영진이 추천한 종목이 오르는 경우가 많다는 것을 경험하게 된다. 대체로 주식 리딩방 운영자는 이러한 사실을 적극적으로 홍보한다. 주식 투자자들의 마음이 움직이면서 리딩방 운영자의 추천을 받고 주식을 매수한 후 해당 주식의 주가가 상승하면 수익을 실현한다. 이러한 경우는 수익이 발생했으니 다행인 경우이지만 항상 다행인 경우로 끝나는 것은 아니다.

펀더멘털보다는 수급적인 특성을 이용하는 경우도 많아

다행이지 않은 경우가 많다는 것이 문제인데 참여자가 많은 주식 리딩방의 경우 운영자가 추천하는 종목을 다수의 참여자들이 일시에 사게 되면 수급적인 요인만으로도 그 종목의 주가는 상승할 수 있다. 특히 외국인이나 기관 투자자들과 같이 자금력이 있는 투자 주체가 매수하기 어려운 종목은 수급적인 요인으로만 주가가 크게 움직일 수 있다. 이러한 종목은 시가 총액이 아주 작거나 주식에 대한 공시 정보나 IR 활동이 거의 없다는 특징을 가지고 있다. 그러한 종목을 골라서 스토리를 만들어 주식 리딩방을 통해 집중적으로 추천하면 단기적으로 좋은 성과를 낼 수도 있을 것이다. 장기적인 주가 상승 요인이 아니라 단기적인 수급 요인에 의한 주가 상승인 경우가 많기 때문에 장 초반 올랐다가 장 중에 다시 하락할 수도 있다. 단기 차익에 몰입할 수밖에 없게 되는 것이다.

피해나 이용당할 가능성이 높은데 하소연할 데는 없음

또 다른 피해에 노출될 소지가 있다. 만약 운영자들이 사전에 주식을 대량으로 사두었다가 주식 리딩방을 통해 매수 추천하여 수급에 의해 주가가 상승할 때 보유 주식을 매도할 가능성이 있다. 주식 리딩방 운영자는 보유하고 있던 주식을 팔면서 큰 수익을 낼 수 있지만 주식 리딩방 참여자들은 손실을 볼 수도 있다.

앞에서 말했듯이 시가 총액이 작은 종목은 거래량이 적을 수 있어서 거래가 잘 체결되지 않을 수 있다. 주식 리딩방 운영자들은 참여자들이 집중해서 살 때 팔았기 때문에 큰 어려움 없이 보유 주식을 팔 수 있었을 것이다. 하지만 주식 리딩방 참여자들은 팔고 싶을 때 주식을 팔지 못하고 시세보다 아주 낮은 가격으로 주식을 처분하거나 비자발적 장기 투자자가 될 수밖에 없을 것이다. 별다른 근거 없이 종목만 추천받았기 때문에 장기적으로 보유할 근거도 부실한 경우가 많다.

손실을 본 참여자들이 항의하더라도 주식 리딩방 운영자들은 책임을 질 이유도 없다. 불법적인 형태로 제도권 밖에 존재하는 사설업체일 가능성이 높기 때문이다. 피해를 본 주식 리딩방 참여자들이 보상을 받으려면 지난한 소송 과정을 거쳐야 할 수도 있다.

유사투자자문업자(주식 리딩방) 주요 불법 행위 및 투자자 피해 사례

구분	내용
계약해지, 환불 거부 등	- 환불 및 계약 해지에 대한 의사를 표시한 투자자의 연락을 회피, 환불 및 계약해지 지연, 투자자에게 불리한 계약조건에 따른 과도한 해지수수료 청구
	- 유사투자자문업자와 서비스 계약 체결 후 투자자가 환불을 위해 카드 결제를 취소하면 업체가 서비스 이용료 미납 사유로 투자자에게 부당 이득금 반환 소송 제기
	⇒ 유사투자자문업자의 투자정보 제공 서비스는 금융투자상품 등이 아니므로 금융감독원의 분쟁조정 대상이 아님. 이용시 각별한 주의 필요
일대일(1:1) 투자자문 행위	- 투자자를 대상으로 양방향 소통이 가능한 카카오톡, 전화 등을 이용, 금융투자상품에 대한 투자 조언을 하는 행위
	- 개별 투자자의 성향에 맞춰 추천 종목을 제공하는 프로그램 대여 및 판매 서비스 제공 행위
	⇒ 유사투자자문업자는 불특정 다수에게 투자 조언을 할 수 있으나 1:1 투자자문을 할 수 없으며 위반시 3년 이하 징역 또는 1억원 이하 벌금 대상

주식 자동매매
프로그램 등을
통한 불법
투자일임 행위
	- 유사투자자문업자가 주식 자동매매 프로그램 대여
	  및 판매 서비스를 제공, 고객 계좌를 일임 받아 운용
	  하는 행위
	- 계좌정보 및 공인인증서 정보를 입력하여 작동되는
	  주식 자동매매 프로그램 판매 및 대여 행위

	⇒ 유사투자자문업자가 주식 자동매매 프로그램 등을
	  통해 투자의사결정의 일부 또는 전부를 위임받아
	  투자자의 재산을 운용하는 행위는 미등록 투자일
	  임에 해당

선행매매 등
부정거래 행위
	- 유사투자자문업자 또는 제3자가 보유한 주식의 가
	  격을 부양하기 위해 투자자에게 종목매수를 추천하
	  고 투자자가 종목을 매수하여 주가가 상승한 후 보
	  유한 주식을 매도하여 자신의 이익을 취하는 행위

	⇒ 자본시장법상 사기적 부정거래행위 등은 금지된 행위로 형사처벌 대상(1년 이상의 유기징역 등)

허위·과장
광고
	- 최소 특정 수익률 보장, 특정 수익률 달성 실패 시
	  투자금 보전 또는 자문 수수료 전액 환불 등의 내용
	  을 광고하여 투자자를 현혹하는 행위
	- 유명 연예인을 광고 모델로 섭외하거나 특정 금융
	  회사 임직원이 자문을 하는 내용으로 광고하여 투
	  자자의 가입을 유도하는 행위
	- 유사투자자문업자 또는 그 회사의 투자 정보 제공
	  서비스가 금융감독원 또는 금융위원회로부터 인증
	  받아 제도권 금융 회사로 오인하게 만드는 행위
	- 현재 영업중인 대형 금융 회사의 상호를 활용하여
	  대형 금융 회사의 계열사 등 제도권 금융 회사로 오
	  인하게 만드는 행위

	⇒ 유사투자자문업자는 제도권 금융회사가 아니며 유
	  사투자자문업자의 투자정보 제공서비스는 약관 및
	  광고 심사 등을 받지 않음

기타	- 유사투자자문업자가 서비스 대금 결제를 위해 카드 번호를 투자자로부터 받아 계약된 금액보다 큰 금액을 임의적으로 결제하는 경우
	- 유사투자자문업자가 원금 이상으로 반환을 보장하는 조건으로 불특정 다수로부터 출자금 등의 명목으로 금전을 모집하는 경우
	- 유사투자자문업자가 업체명에 '금융투자', '증권', '자산운용', '신탁' 등을 사용하여 투자자가 유사투자자문업체를 정식 금융회사로 오인하게 만드는 행위
	⇒ 형법상 사기 또는 불법 유사수신행위 등에 해당될 수 있으며 피해 구제가 어려우므로 각별히 유의해야 함

자료: 금융감독원, 2021년 주식리딩방 불법·불건전 영업행위 중간 점검결과 재인용

과도한 빚을 내서 주식 투자를 한 경우

레버리지를 이용한 주식 투자, 자신만의 판단 기준이 전제되어야

과도한 레버리지를 이용해 주식에 투자하는 경우에도 투자에 실패할 가능성이 높아진다. 과도한 레버리지는 과도한 빚을 내서 주식에 투자하였다는 의미이다. 일명 '빚투', '영끌 주식 투자'라고 하기도 한다. 주식 시장이 활황을 보이는 시기에는 신용 융자 잔고가 사상 최대치를 기록했다는 기사나 개인 신용 대출이 급증했다는 기사가 자주 등장한다. 신용 융자 잔고 증가 관련 기사는 보유하고 있는 주식을 담보로 대출을 받아서 주식을 샀다는 내용이다.

개인 신용 대출 증가 관련 기사는 주로 마이너스 통장 대출을 받아서 주식 투자를 하는 사람이 늘었다는 내용이다. 경우에 따라서는 빚을 내서 주식 투자를 하는 것이 필요할 수도 있다. 이때 가장 중요한 원칙은 빚을 내는 규모가 자신이 감내할 수 있는 수준을 넘어서지 않아야 한다는 것이다. 또 다른 원칙은 빚투를 할 만큼 확실한 판단 근거를 가지고 주식 투자를 해야 한다는 것이다. 그만큼 레버리지를 이용한 주식 투자는 확고한 자신만의 판단 근거를 가지고 가용한 자금 조달 능력을 최대한 활용해서 높은 수익을 거두겠다는 강한 의지가 발현되는 것이라고 할 수 있다.

만약 100만 원 정도의 A주식을 보유하고 있는데 상당히 건실한 펀더멘털을 보유하고 있고 주가도 아주 낮은 수준에 있는 B주식을 투자 대상 종목으로 선정하였다고 하자. 주식 투자할 여유 자금이 없다고 하면 B주식을 사기 위한 자금 마련 방법으로는 A주식 일부를 매각해서 자금을 마련하는 것과 A주식을 담보로 돈을 빌려 자금을 마련하는 것이 있다. A주식을 팔 상황이 아니라면 후자를 선택하게 될 것이다. 담보 비율이 50%라면 A주식 100만 원, B주식 50만 원을 보유하게 될 것이다. 어느 날 갑자기 주식 시장에 충격이 발생하거나 A기업에 예상치 못한 사건이 발생하여 주가가 이틀 동안 연속해서 하한가를 기록하게 되면 담보 가치가 하락하여 상환 요구를 받게 된다. 그렇게 되면 주식을 매각해서 대출을 상환해야 하고 그 과정에서 손실이 확대될 수도 있다.

재테크의 기본 원칙 중 하나, 나가는 돈과 노는 돈을 줄이는 것

재테크의 기본 원칙 중 하나는 나가는 돈을 먼저 줄이고 노는 돈을 줄이는 것이다. 빚을 내서 투자한다는 것은 없는 돈까지 끌어다 투자하는 것이라고 할 수 있으니 재테크의 기본 원칙에서 벗어나는 투자 방식이다. 빚을 감당할 수 없는 상황이라면, 또는 원칙에서 벗어날 만큼 확신이 서는 경우가 아니라면 선택하지 말아야 하는 투자 방법인 것이다. 빚투나 영끌 주식 투자는 주식 투자의 고수 반열에 이르렀을 때에나 하는 것이라고 생각한다. 주식 투자의 고수라도 수익을 극대화하기 위한 목적으로 자신에게 적정한 규모의 차입을 통해서 하는 것이다.

주식 투자에 실패하지 않으려면

다시 돌아가면 주식 투자에 실패하지 않으려면 자신만의 판단 기준을 세우는 것이 중요하다. 자신만의 판단 기준으로 리스크 관리를 해야 한다. 빚투나 영끌 투자와 같은 것도 자신만의 판단 기준으로 해야 부정적인 것보다는 긍정적인 측면이 더 크게 나타날 수 있는 것이다. 주식 투자를 위해서는 자신만의 판단 기준을 세우는 것이 중요한데 이를 위해서는 먼저 마음가짐을 단단히 하는 마인드 세팅 과정을 반드시 거쳐야 할 것이다.

Ⅲ

투자 목표를 분명하게 세우기

투자 목표를 세울 때 기본적으로 생각해 보아야 할 것

주식 투자를 시작하기 전 마인드 세팅 단계에서 가장 중요한 것은 투자 목표를 분명하게 하는 것이다. 주식 투자를 시작할 때 다양한 목표를 생각해 볼 수 있다. 가장 흔히들 생각하는 목표는 돈을 벌겠다는 것이다. 그런데 왜 돈을 버는가, 어떻게 돈을 버는가, 어느 정도의 돈을 버는가 등과 같이 목표를 구체적으로 생각하는 경우는 별로 없다. 구체적인 목표를 세우지 않고 주식 투자를 시작하는 경우가 많다는 것이다. 주식 투자의 목표를 세우는 단계에서는 다양한 생각들을 할 수 있겠지만 초보 주식 투자자 입장에서 가장 기본적으로 생각해보아야 할 것은 자신의 투자 스타일과 투자 목표를 세우는 방법이라고 할 수 있다.

자신의 투자 스타일, 초보 시절에 생각해 볼 필요

주식 투자를 해보겠다는 마음을 먹었다면 어떤 스타일의 투자자가 적합할 것인가에 대해서 생각해 볼 필요가 있다. 주식 투자를 시작할 때 거의 생각해 보기 어려운 것이 자신만의 투자 스타일이다. 또한 일단 주식 투자를 시작해서 일정한 궤도에 진입하게 되면 투자 스타일에 대해 고민할 시간이나 기회를 찾기가 어렵다. 따라서 주식 투자를 시작하기 전 생각해 보는 것이 좋다는 생각이다.

투자 스타일은 주식 투자를 시작해서 몇 번의 고난을 넘기는 과정에서 상당한 시간과 비용을 들여 체득하는 경우가 있다. 또한 고난을 거치는 과정에서 주식 투자를 포기하게 되어 주식 투자는 해 본 적은 있으나 투자 스타일에 대해서 생각해 본 적이 없는 경우도 있고 아니면 다양한 주식 관련 서적을 읽으면서 이상적인 주식 투자 스타일은 알고 있으나 실제 적용은 해보지 못하는 경우도 있다. 그 밖에도 다양한 경우가 있을 수 있겠지만 대부분의 공통점은 초보 주식 투자자 시절에 한 번이라도 제대로 생각해 보지 않았다는 것이다.

주식 투자자를 스타일별로 구분해 보면 다양한 형태가 있을 수 있다. 기술적 분석 투자 스타일, 기본적 분석 스타일, 추종 매매 스타일, 장기 투자 스타일, 단타 매매 스타일 등 개별 투자자별로 다양한 형태의 스타일을 생각해 볼 수 있다. 여기서는 가장 쉽게 생각해 볼 수 있도록 투자 기간을 기준으로 설명해 보려고 한다. 투자 기간을 기준으로 투자자 스타일을 고민해 본다면 장기 투자 자가 될 것인가, 데이 트레이더^{day trader}나 헤비 트레이더^{heavy trader}가 될 것인가 등을 생각해 보는 것이다.

헤비 트레이더? 데이 트레이더?

먼저 헤비 트레이더와 데이 트레이더에 대해서 생각해 보자. 헤 비 트레이더는 거래 횟수가 많은 투자자이다. 데이 트레이더는 주가 움직임만을 보고 단타 매매를 주로 하는 주식 투자자를 말 한다. 헤비 트레이더와 데이 트레이더는 유사한 개념이라고 할 수 있다. 헤비 트레이더는 거래 횟수 관점에서 보는 것이고 데이 트레이더는 투자 기간의 관점에서 보는 것이지만 주가 움직임만 보고 투자를 하게 되는 데이 트레이더는 자연스럽게 헤비 트레이 더가 될 가능성이 크다. 투자 기간을 초단기로 설정하는 데이 트 레이더는 주가 변동에 민감할 것이므로 거래 횟수가 자연스럽게 증가하게 될 것이고 거래 횟수가 많은 투자자를 헤비 트레이더라 고 부르게 되는 것이다.

이러한 투자자들은 장기적인 수익 보다는 단기적인 수익을 추구하거나 단기 테마나 소문 등에 의존하여 투자하는 경향이 있다. 아니면 급등주 따라잡기, 기술적 분석 등 기업의 펀더멘털 등에 대한 고려를 하지 않는 투자 스타일을 보인다. 흔히 단기간에 대박을 터뜨렸다는 성공 신화가 배경으로 깔리기도 한다. 초보 주식 투자자가 데이 트레이더나 헤비 트레이더를 목표로 할 경우 급등주 따라잡기 등 뇌동 매매雷同賣買 형태의 투자를 하는 경우도 있다. 뇌동 매매는 번개가 치고나서 곧바로 천둥소리가 들리는 것처럼 다른 사람이 주식을 사는 것을 보고 자기도 주식을 재빠르게 산다는 것이다. 재빠르게 사야 하기 때문에 주가가 왜 오르는지 어떤 사업을 하고 있는 기업인지는 관심 밖의 일인 경우가 많다. 이런 방식으로 투자하기 때문에 수익을 크게 낼 때도 있지만 손실도 크게 발생할 수도 있다.

매일 이길 수 있을까?

데이 트레이더의 경우 일 년 중 주식 시장 연간 개장일이 250일이라고 하고 매일 0.1%의 수익을 거두게 되면 25%의 수익률을 거둘 수 있다는 이야기를 하는 경우가 있다. 만약 일간 수익률이 1%가 되면 250%의 연간 수익률을 기록할 수 있다는 것이다. 황홀한 수익률의 유혹이 아닐 수 없다. 이러한 투자 방식의 주식 투자자들이 하는 생각은 일간 단위로 주가 지수가 하락하더라도 상승하는 종목은 항상 있다는 것이다. 그리고 주식 시장에서 매일매일 그러한 종목을 찾을 수 있다는 것이다.

그런데 이론적으로는 가능해 보여도 실제로는 매일 하루도 빠짐없이 1%의 수익률을 기록하는 것은 쉽지 않은 일이다. 주식 시장은 매일 등락을 거듭하고 매일 오르는 종목과 하락하는 종목이 바뀌고 있다. 상장되어 있는 종목별로도 트렌드상 우상향 하는 종목은 있어도 하루도 빠짐없이 상승하는 종목은 없다는 것은 주식 시장 참여자들은 모두 알고 있는 사실이다. 주식 시장의 상승 및 하락과 무관하게 상승하는 종목을 찾아내는 것은 쉬운 일은 아니다. 데이 트레이더의 경우 매일매일 이겨야 하는 게임을 하는 것이므로 데이 트레이딩 자체가 프로페셔널한 자신의 직업이 되지 않고는 지속하기 힘든 일이라고 할 수 있다.

어떤 투자자가 장기 투자자일까?

다음으로 장기 투자자는 말 그대로 장기간에 걸쳐 주식에 투자하는 사람을 말한다. 여기서는 본의 아니게 장기간 주식을 보유하게 된 경우를 말하는 것은 아니다. 흔히 입소문을 듣고 산 주식이 주가가 상승하지 않고 갑자기 하락해서 팔지도 더 사지도 못하게 된 경우 본의 아니게 비자발적 장기 투자자가 되었다고 하는데 이런 경우를 말하는 것이 아니라는 것이다. 장기 투자자는 기업의 경쟁력, 성장성, 밸류에이션 등 기본적인 여건(펀더멘털)을 검토하면서 투자하는 투자자라고 할 수 있다. 상당한 규모로 회사 지분에 투자하는 경우도 장기 투자자에 해당할 수 있다. 장기 투자자는 투자 기간이 상대적으로 긴 경우가 많기 때문에 투자를 결정할 때 신중하게 접근하게 된다. 또한 장기 투자를 하기 위해서는 자기만의 분석틀이나 관점을 가지고 있어야 한다. 자신만의 판단 기준이 없다면 주식 시장의 다양한 의견과 수많은 관련 정보들에 휘둘리면서 투자를 장기간 지속하기 어려울 것이기 때문이다.

긴 호흡의 장기 투자자 스타일이 좋을 것

초보 주식 투자자는 긴 호흡으로 신중하게 주식 시장에 접근할 필요가 있다. 초보 주식 투자자는 주식 시장의 수많은 정보를 제대로 거르거나 투자 방향 결정에 이용하는 것에 익숙하지 않은 경우가 많기 때문이다. 이러한 이유로 초보 주식 투자자는 장기 투자자 스타일의 투자를 선택하는 것이 유리할 것이다. 주식 투자 경험이 많은 투자자들의 경우에도 수많은 정보를 통해 주가 수준을 정확하게 예측하기 어렵기 때문에 긴 호흡의 장기 투자자 스타일을 선택하는 것이 좋을 것이다.

자기만의 판단 기준을 트레이딩 관점에서 접근하여 투자에 성공하기 위해서는 기술자technician와 같이 다년간 숙련도를 높이는 과정이 필요하고 뼈아픈 실패의 경험이 불가피할 수 있다. 특히 초보 주식 투자자의 경우 아픈 경험의 골이 더 깊을 수 있고 실패의 경험으로 인해 주식 투자 자체를 포기할 수 있다. 주식 투자가 평생 동안 관심을 가져야 하는 것이라면 장기 투자자의 길을 선택하는 것이 합리적인 판단일 것이다.

주식 투자의 목표는 구체적으로

주식 투자의 목표가 무엇인가라는 질문에는 여러 가지 대답이 가능할 것이다. "은행보다 높은 수익률을 기대한다", "위험하더라도 은행보다 수익률이 더 높으면 좋겠다", "여유 자금을 투자해서 점심값이나 벌어 보겠다", "꾸준하게 일정한 수입을 받았으면 좋겠다", "단기간에 대박을 내고 싶다", "생활의 무료함을 달래 보겠다" 등등 다양한 대답이 있을 수 있다. 이러한 목표들은 일반적으로 주변에서 들을 수 있는 것들이고 그럴듯해 보일 수 있다. 하지만 이들 목표에서 가장 중요한 것이 빠져있다. 그것은 구체성이다. 매사 그렇듯이 확실한 목표가 없으면 작심삼일이 될 가능성이 크다. 주식 투자도 마찬가지이다. 구체적이지 않은 목표를 가지고 주식 투자를 하게 되면 투자의 방향을 잃고 투자의 바다에서 표류할 공산이 크다.

 구체적인 목표를 세우는 가장 쉬운 방법은 자신의 상황에 맞춰 목표를 정하는 것이다. 자신의 상황에 맞춰서 목표를 세운다고 하면 아무래도 목표가 구체적일 수 있다. 다음 몇 가지 예를 들어 설명해 보겠다.

1억 만들기라는 목표

이 목표는 원대한 목표지만 1억 원의 목표를 세우게 되면 자신이 보유하고 있는 여유 자금을 통해 몇 년간에 걸쳐 몇 %의 수익률을 기록할 경우 달성 가능하다는 계산이 가능하게 된다. 그런데 똑같은 1억 만들기이지만 단기간에 대박을 내서 달성하겠다고 하면 그 목표는 구체적이라고 하기 어렵다. 오히려 허황된 목표라고 할 수 있다. 현재 보유하고 있는 자금이 100만 원인데 1년 이내에 1억 원을 만든다는 목표를 세웠다면 100배의 수익률(10,000%)을 기록해야 한다. 투자가 아니라 도박이나 투기로 겨우 달성 가능한 목표라고 할 수 있다.

학자금 만들기라는 목표

대학 등록금을 만들겠다라고 한다면 대학 등록금 규모라는 구체적인 금액 목표, 대학 등록금을 납부해야 하는 시점이라는 구체적인 기간 목표가 세워지게 된다. 여기서 더 구체적인 목표를 세워 본다면 학자금 용도로 어느 정도의 자금을 언제까지 만들어 보겠다는 것이다. 고등학교 1, 2학년 자녀를 둔 학부모의 경우에는 여윳돈으로 대학 첫해 등록금을 만들어 보겠다는 목표를 세운다면 좀 더 구체적인 목표라 할 수 있다. 향후 1~2년 안이라는 기간 목표와 금액 목표가 구체화될 수 있기 때문이다.

부모님 회갑 기념 행사에 필요한 자금을 마련하겠다는 목표

부모님 회갑 행사를 하게 될 날은 사전에 어느 정도 정할 수 있어 구체적인 투자 기간을 결정할 수 있다. 목표 금액도 사전에 구체화할 수 있다. 이 목표에서도 회갑 기념 행사에 필요한 전체 금액보다는 보유하고 있는 여유 자금이나 매달 적립식 형태의 투자를 통해 일정 정도의 금액을 만들어 보겠다는 목표가 보다 구체적이고 실현 가능성이 높을 것이다. 예컨대 여유 자금 5,000만 원을 가지고 회갑 행사에 사용하기 위해 300만 원 이상의 자금을 마련해 보겠다면 목표 수익률은 6%가 될 것이다. 재투자가 없다고 가정하고 회갑이 2년 남았다면 매년 3% 이상의 수익률을 낼 수 있는 투자 대상을 찾아서 투자하면 될 것이다.

직장 초년병의 경우 자동차 구입 비용을 마련해 보겠다는 목표

구입하고 싶은 자동차 모델을 결정하면 금액이 구체화된다. 구매 시점까지 결정하면 보다 구체적인 목표가 될 수 있다. 물론 자동차의 경우 꼭 필요한 경우가 아니면 구매를 미루는 것이 좋다. 최근에는 차량 공유 서비스를 활용해서 필요할 때만 차량을 이용할 수 있기 때문이다. 하지만 여러 가지를 고려할 때 자동차가 꼭 필요하다고 판단되면 자신이 감당할 수 있는 범위 내에서 구입이 가능한 자동차 구매 비용 마련을 목표로 할 수도 있을 것이다. 굳이 자동차가 아니더라도 자신이 필요한 전자제품과 같은 내구성 소비재를 마련하겠다는 목표를 세울 수도 있다.

예비 신혼 부부의 경우 결혼 초기 전세 비용을 목표

전세 비용은 규모가 크기 때문에 수도권에서 전세금 전체를 충당할 정도의 자금은 주식 투자를 통해 마련하기 어려울 수 있다. 하지만 보다 긴 호흡으로 접근하여 주택 구입 자금 마련을 위한 종잣돈seed money이라는 관점에서 접근해 볼 수도 있을 것이다. 이 경우 전세금에 보태겠다는 생각으로 장기적인 관점에서 목돈을 투자하는 형태보나는 직립식 형태의 투자를 선택하는 것이 유리할 수 있다. 매월 수입의 일정 부분을 장기 투자 대상에 지속적으로 투자하는 형태이다. 과거 20년간 S&P500 지수에 투자했다면 매년 9.7%의 수익을 거둔 것으로 추산된다는 점을 참고할 필요가 있다. 물론 기간별로 수익률이 좋지 않았던 적도 있지만 장기적인 관점에서 접근하였다면 이러한 수익을 거두었다는 것이다. 투자 기간이 길고 복리 효과를 감안한다면 이러한 투자만으로도 노후대책을 할 수 있었다고 추산할 수도 있다.

나이에 따라서는 노후 자금을 마련하겠다는 목표

노후 대책은 여러 증시 전문가들이 주식 투자를 해야 하는 이유를 이야기할 때 자주 등장하는 목표이다. 수명이 점점 길어지면서 은퇴 후 살아가야 하는 기간이 길어지고 있다. 이러한 현실적인 문제로 인해 대부분의 사람들에게 노후자금은 절실하게 다가오는 화두가 되고 있다. 이 목표도 노후자금을 마련하겠다는 막연한 목표보다는 은퇴 후 매월 필요한 자금을 가늠해 보고 이를 위해서 현재의 금융 자산을 어떻게 투자해야 하는가를 생각해 봐야 구체적인 목표를 수립할 수 있다.

예를 들면 은퇴 자금으로 필요한 자금 규모가 총 얼마가 될 것이라는 계획보다는 은퇴 후에 매월 필요한 자금 규모를 생각해 보고 그 자금을 마련하기 위해서는 어느 정도의 자금이 어떤 종류의 자산에 배분되어 있어야 하는지를 생각해 봐야 한다. 매월 500만 원이 필요할 것으로 추산되면 각종 연금에서 지급될 금액을 알아보고 그 금액이 500만 원이 되지 않는다면 그 부족한 부분을 어떻게 보완할 것인가를 생각해봐야 한다. 노후 생활의 불확실성을 방지하기 위해서는 막연한 계획보다는 구체적인 계획이 필요한 것이다.

목표는 구체적으로 세워야

이상에서 구체적인 목표 수립에 대해 몇 가지 예를 통해 이야기해 보았다. 구체적인 목표를 수립해야 목표 수익률을 생각해 볼 수 있고 이를 기초로 주식 투자 규모, 투자 대상 등을 생각해 볼 수 있을 것이다. 목표가 구체적이지 못하면 목표 수익률도 구체적이지 못하게 된다. 그렇게 되면 목표가 다다익선이 된다. 그냥 많으면 많을수록 좋다는 생각으로 투자를 시작하면 지속성이 약해질 수밖에 없다는 것은 이미 모든 사람들이 공감하는 내용일 것이다.

IV

투자 목표에 따라
투자 자산, 기간, 방법 등을 결정

목표 수익률에 따른 투자 전략 생각해 보기

주식 투자 목표를 구체적으로 세워야 그 다음 단계로 나아갈 수 있다. 앞에서 잠깐씩 언급하였지만 구체적인 목표를 수립한 후에야 구체적인 투자 수단, 방법, 기간 등에 대해 이야기할 수 있다. 즉, 구체적인 투자 목표가 수립되어야 구체적인 투자 전략이 만들어질 수 있다는 것이다. 몇 가지 예를 들어 생각해 보기로 하자.

높은 목표 수익률이 필요하다면

자신의 투자 목표를 달성하기 위해서는 목표 수익률을 높여야 하는 경우가 있을 것이다. 이 경우에는 위험 자산 비중을 높일 수밖에 없다. 위험 자산 비중을 높인다는 것은 주식 투자 비중을 높인다는 것을 의미한다. 주식 투자 비중을 높이게 되면 주식 매매 측면에서 손절매 등 시장 변동에 따른 대응에 신경을 써야 할 것이다. 위험 자산 비중을 높였기 때문에 수익률이 높아질 수는 있지만 원금 손실 가능성도 배제할 수 없다는 점도 염두에 두어야 할 것이다.

원금 손실을 피하고 싶다면

위험 자산인 주식 투자 비중을 낮춰야 할 것이다. 원금을 완전하게 보전하겠다면 원금 보장형 상품에 투자해야 한다. 다만 낮은 수익률은 감수해야 할 것이다. 결국 위험을 어느 정도 감수하지 않고는 투자 수익률을 높일 수 없고 투자 수익률 목표를 너무 올려 잡으면 원금 손실이 발생할 가능성이 높아지게 된다. 앞의 경우와 같이 수익률을 높이려면 위험 자산에 더 많이 투자해야 하고 수익률을 낮추고 원금을 지키려면 위험 자산을 가급적 피해야 할 것이다. 수익률과 위험은 반비례하고 있다는 것을 잊지 말아야 한다.

높은 수익을 보장하는데 위험은 거의 없다고 하는 경우는 대부분 사기인 경우가 많다. 다들 폰지 사기Ponzi Scheme라는 말은 들어보았을 것이다. 쉽게 말하면 금융 다단계 사기라고 할 수 있다. 가장 최근 폰지 사기를 대표하는 사례는 버나드 메이도프에 의한 폰지 사기라고 할 수 있는데 그 규모가 72조 5천억 원에 달하였다. 버나드 메이도프는 나스닥 비상임 회장까지 지냈는데 이러한 화려한 이력을 배경으로 폰지 사기를 쳤다. 여느 폰지 사기와 유사한 방식이었는데 고수익을 보장한다며 신규 투자를 모았고 신규 투자로 받은 돈을 기존 투자자에게 지급하는 방식으로 그 규모를 키워 갔다. 실제로 투자는 전무하였고 오직 받은 돈으로 기존 투자자에 수익을 배분한 것이다. 그러다가 2008년 글로벌 금융 위기 발생으로 인한 투자 원금 회수 요구를 계기로 사기 행각이 드러나게 되었다.

많은 수익이 발생하지 않아도 되니까
일정한 배당 수입을 받고 싶다면

이 경우에는 인컴형 주식에 투자하는 것이 좋을 것이다. 인컴형 주식은 주식 시장에 비해 주가 변동성이 크지 않으면서 상대적으로 높은 수준의 배당금이나 분배금을 기대할 수 있다. 다만 주식 시장의 변화에 따라 주가가 등락하는 리스크는 완전히 피하기 어렵다. 주식 시장이 약세를 보일 때 인컴형 주식의 주가도 하락할 수 있고 주식 시장이 강세를 보일 때는 인컴형 주식의 주가도 상승할 수 있다. 하지만 매월 또는 매분기 배당금이나 분배금을 받기 때문에 주가가 하락하더라도 수익률을 어느 정도 보완해 줄 수 있다. 그동안 꾸준히 받아온 배당금이나 분배금이 실질적인 투자 수익률 하락을 제한해 준다는 것이다.

배당금은 주가 수준에 비례해서 결정되지 않고 순이익 규모에 따라 결정된다. 배당 수익률은 주가 수준에 따라 달라지지만 순이익 규모에 따라 달라지지는 않는다. 예를 들면 순이익 규모를 감안해 금년 주당 배당금은 500원으로 추정된다고 할 때 자신이 보유하고 있는 주식의 평균 가격이 10,000원이라면 배당수익률은 5%가 될 것이다. 하지만 평균 주가가 9,000원이라면 배당수익률은 약 5.6%가 된다. 결국 보유 주식의 평균 매수 단가가 낮을 경우 배당수익률은 더 높아지게 된다.

따라서 전략적으로 주가 수준이 낮을 때 분할 매수해서 보유하면 수익률 보완 효과가 더 커질 수 있을 것이다. 주식의 매수 단가가 낮아지기 때문에 배당금이나 분배금의 수익률이 높아질 수 있기 때문이다. 따라서 인컴형 주식은 주가 등락에 따라 발생하는 자본 이득을 목표로 하기보다는 배당 소득(인컴)을 일정하게 받겠다는 목표로 접근해야 할 것이다.

투자 원칙에 대해 생각하기

투자 목표를 설정한 후 투자 원칙도 생각해 보자

목표를 설정하게 되면 그 다음으로는 투자 원칙에 대해서도 생각해 볼 수 있다. 주식 시장이 예상과 다른 움직임을 보일 때, 보유 주식의 주가가 조정을 받을 때 어떻게 대응할 것인가 등을 미리 생각해 볼 수 있다. 주가가 하락할 때를 추가 매수 기회로 활용할 것인가 아니면 매도해야 할 것인가, 그것도 아니면 비중을 조정하여 버틸 것인가 등도 생각해 볼 수 있다.

자신이 처음 주식을 샀던 이유가 분명하다면 일시적인 이슈로 인해 주가가 조정을 받을 때 여유 자금이 있다면 추가 매수할 수 있을 것이다. 처음에 생각했던 주식 매수 이유가 훼손되었을 경우에는 매도하면 될 것이다. 만약 중장기적으로 성장할 것이라는 예상 하에서 매수한 주식이 있다고 하자. 보유 주식의 중장기 성장성이 훼손된 것은 아닌데 주식 시장 여건이 예상보다 부진하여 보유 주식의 주가가 약세를 보인다면 계속 보유해야 할 것이다. 그러나 투자 원칙을 사전에 생각해 보지 않았을 경우에는 보유 주식을 계속 보유하기 어려울 수도 있다.

이와 같이 어떤 기업의 주식을 추가 매수하거나 장기 보유할 수 있는 근거는 '남의 말'이 아니라 '자신의 판단 기준'이고 이를 기초로 투자 원칙을 만들어 나가는 것이다. 자신의 판단 기준을 바탕으로 주식 투자의 목표가 만들어지고 이에 따라 적정한 투자 전략과 리스크 관리 방법이 만들어지게 되는 것이다. 앞으로 계속 언급하겠지만 주식 투자의 모든 단계에서 가장 중요한 것은 자신의 판단 기준이다.

V

아무리 강조해도
지나치지 않은 마인드 세팅

Step 1을 마무리하며

지금까지는 초보 주식 투자자가 가장 먼저 해야 할 것에 대해서 이야기해 보았다. 마인드 세팅을 잘 해야 평생 함께 해야 할 주식 투자를 장기적인 관점에서 접근할 수 있을 것이다. 아무리 강조해도 지나치지 않은 단계이다. 주식 투자를 하는 동안 부딪히게 될 수많은 장애를 극복하는 데 가장 중요한 것이기 때문이다. 마인드 세팅은 단순히 마음을 먹는 추상적인 개념보다는 좀 더 구체적인 것이라 할 수 있다. 투자 스타일에 대해서 생각해 보고 구체적인 목표를 수립하는 일련의 과정인 것이다. 목표를 수립하고 투자 대상 자산, 투자 기간, 투자 방법들에 대해서 생각해 보고 난 다음에 해야 할 것은 투자 대상을 선별하기 위한 정보들을 수집하는 방법과 이를 이용하는 방법을 알아보는 것이다.

투자 정보
수집하기

I

투자 정보 수집 방법 3가지

Step 2를 들어가며

주식 투자를 하기 위한 첫 번째 Step인 '마인드 세팅하기'에서 자신의 투자 스타일, 투자의 구체적인 목표 설정에 대해서 생각해 보았다. 그리고 구체적인 목표에 따른 투자 전략에 대해서도 간단하게 생각해 보았다. 이번 Step 2에서는 주식 투자를 하기 위해 필요한 정보를 수집하는 방법에 대해서 알아보려고 한다.

장기 투자자로서 자신만의 판단 기준을 가지고 주식 투자를 하기 위해서는 이에 필요한 정보를 수집할 수 있어야 한다. 필요한 정보를 활용하여 분명한 투자 대상 선별 기준을 마련해야 장기 투자에 좀 더 가까이 다가설 수 있을 것이다. 투자 정보라고 하면 초보 주식 투자자로서는 접근하기 어려운 영역이라고 생각할 수 있다. 하지만 이번 Step 2에서의 설명을 들어보면 높아 보였던 장벽이 크게 낮아져 보이게 될 것이다.

애널리스트 분석 자료, 언론 기사, SNS나 일상의 정보

투자 정보를 수집하는 방법은 크게 3가지로 생각해 볼 수 있다. ① 애널리스트의 분석 자료를 활용하는 방법, ② 언론 기사를 이용하는 방법, ③ SNS나 일상의 정보를 활용하는 방법이다. 투자 정보를 수집하는 단계에서도 정보를 비판적으로 수용하는 것이 중요하다. 많은 정보를 수집하는 것보다는 투자에 필요한 정보를 선별해서 수집해야 하기 때문이다. 이를 위해서는 자신만의 필터를 가지고 있어야 할 것이다.

최근에는 정보 전달 수단이 다양화되고 있어 수많은 정보가 만들어지고 가공되어 무차별적으로 공급되고 있다. 이렇다 보니 정확하고 도움이 되는 정보가 있는 반면 일명 가짜 뉴스와 같이 좋지 않거나 부정확한 정보를 접하게 되는 경우도 많다. 어떤 경우에는 가짜 뉴스가 진짜 뉴스 행세를 하면서 사회적 문제를 야기하는 경우가 나타나기도 한다.

투자 정보 수집 단계에서 경계해야 할 것

결국 성공적인 주식 투자를 하기 위해서는 정보를 수집하는 과정이 중요한데 이때 주의해야 하는 것이 가짜 뉴스와 같은 잘못된 정보이다. 주식 투자를 잘 하기 위해서는 신뢰할 수 있는 정보를 찾는 것과 수많은 정보를 자신의 판단 기준에 따라 제대로 평가할 수 있어야 한다. 과거에는 정보를 찾기가 어려웠기 때문에 정보를 수집하는 능력이 중요하였다. 그러나 현재는 정보가 넘쳐나는 정보의 홍수 시대에 살고 있기 때문에 정보를 걸러내는 능력이 중요하게 되었다. 과거에는 정보의 질보다 정보의 절대적인 양이 더 중요하였다면 최근에는 정보의 양보다 정보의 질이 더 중요하게 된 것이다.

이러한 점을 고려하면 정보를 수집하는 세 가지 방법 중 애널리스트 분석 자료를 활용하는 것이 상대적으로 안전한 방법이라고 할 수 있을 것이다. 애널리스트 분석 자료는 작성되어 공표되는 과정을 거치면서 여러 번 걸러지도록 제도적으로 뒷받침되어 있기 때문이다. 그렇지만 막상 애널리스트 분석 자료를 읽어 보면 초보 주식 투자자에게는 그 내용이 쉽게 이해되지 않을 수 있다는 문제가 있다.

언론 기사를 이용하는 방법은 이용하기 쉽다는 장점이 있다.

하지만 그 내용이나 기사 집필 방향이 주관적일 수 있어 전적으로 신뢰하기 어렵다는 단점이 있다. 언론 기사를 통해 정보를 수집할 때에는 자신만의 판단 기준을 이용해서 객관적인 판단을 하는데 신경을 써야 할 것이다.

주변 일상이나 SNS 등을 이용하는 방법은 가장 접하기 쉬운 방법이다. 하지만 SNS 상에는 수많은 가짜 뉴스나 근거 없는 주장들이 많이 등장한다는 문제가 있다. 이에 이러한 문제를 해결하려는 다양한 시도가 이루어지고 있지만 아직까지는 확실한 해결 방안이 제시되지 못하고 있다. 주변 일상이나 SNS 등을 이용하여 투자 정보를 수집하기 위해서는 실제로 어떻게 활용해야 할 것인가에 대해 고민이 필요할 것이다.

애널리스트 분석 자료를
이용하는 방법

애널리스트 분석 자료 분류 체계를 생각해 보자

분석 자료 작성 이유나 배경을 파악하는 것이 중요

애널리스트들이 작성한 분석 자료를 볼 때에는 자료를 작성한 이유나 배경을 파악해 보는 것이 중요하다. 작성 이유나 배경에 따라 자료를 볼 때 무게를 두고 살펴보아야 할 사항이 달라질 수 있기 때문이다.

　일반적으로 투자 정보를 얻기 위해 애널리스트 분석 자료를 읽는다면 자료 전체를 1페이지부터 순서대로 읽고 그 자료가 의도하는 내용을 파악하려고 할 것이다. 그러나 애널리스트가 작성하는 분석 자료의 형식이나 구성을 고려할 때 굳이 많은 시간을 들여 자료 전체를 순서대로 읽을 필요가 없는 경우가 많다. 대부분의 애널리스트 분석 자료는 자료 전체를 읽기 전에 그 자료가 의도하는 내용이나 방향을 파악할 수 있게 작성되어 있기 때문이다. 그 자료가 의도하는 내용이나 방향을 어느 정도 파악하고 자료를 읽는다면 내용을 파악하여 투자 정보로 활용하기 쉬워질 것이다. 애널리스트 분석 자료를 읽는 시간을 줄일 수 있고 맥락을 파악하기도 용이할 것이다.

자료의 성격을 통해 작성 이유나 배경을 파악

자료의 작성 이유나 배경을 쉽게 파악할 수 있는 방법은 자료의 성격을 구분해 보는 것이다. 자료의 성격이란 기업을 분석한 자료일 경우 기업의 실적과 관련된 것인지 기업 관련 이슈와 관련된 것인지 등으로 구분해 볼 수 있다. 다만, 실제 작성된 자료에는 기업 관련 이슈와 실적이 혼재되어 포함되어 있을 수도 있다. 이 경우 초보 주식 투자자 입장에서는 명확하게 자료의 성격을 구분하지 못할 수도 있다. 그리고 투자 전략에 대한 자료인지 경제 상황에 대한 자료인지로도 구분해 볼 수 있다.

자료 분류 체계와 리서치 조직 구성

따라서 초보 주식 투자자의 경우 자료를 구분하기 위해서는 증권사 리서치 조직에 대해서 생각해 볼 필요가 있다. 보통 리서치 센터는 리서치 조직과 지원 조직이 있다. 지원 조직은 보고서 작성을 간접적으로 지원하는 조직이라 제외하면 리서치 조직에는 기업 분석 파트와 투자 전략 파트가 있다. 이러한 구조는 기본적인 구조이다. 증권 회사에 따라서는 팀이나 부서의 명칭이 다를 수 있지만 본질적인 구분은 크게 다르지 않을 것이다. 이러한 조직 구성에 따라 리서치 조직에서 발간하는 자료도 기업 분석/산업 분석 자료와 투자 전략/경제 분석/자산 배분 자료로 구분해 볼 수 있다. 리서치 조직은 기능에 따라 조직을 구분히고 있기 때문에 발간물도 조직 구성과 유사하게 되어 있는 경우가 많다. 이러한 분류를 기준으로 애널리스트 분석 자료에 대해서 설명하고 활용하는 방법에 대해서도 살펴보겠다.

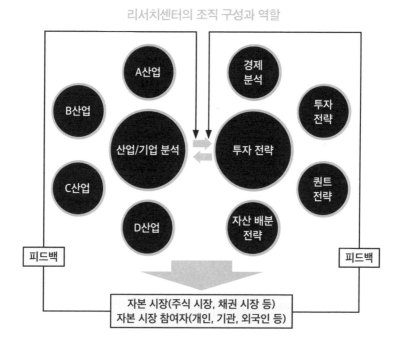

리서치센터의 조직 구성과 역할

기업이나 해당 산업을 분석하는 자료이다. 산업 분석 자료는 해당 산업의 현황과 미래를 진단해 보는 자료라고 할 수 있다. 물론 수시로 발생하는 이슈에 대해서도 분석한다. 기업 분석 자료는 해당 산업의 큰 흐름 하에서 기업의 실적 흐름, 산업 내 지위 등에 대한 현황과 전망을 진단하고 분석한다. 이를 토대로 가치 평가 Valuation를 하고 투자 의견과 목표 주가를 제시한다. 기업 분석 및 산업 분석 자료는 크게 실적 관련 자료, 이슈 분석 자료로 나누어 볼 수 있다.

기업 실적 관련 분석 자료: 프리뷰와 리뷰 자료

먼저 기업 실적과 관련된 분석 자료가 있다. 주가 흐름에 가장 기초가 되는 것이 기업 실적인데 이와 관련된 자료이다. 주식을 매수하기 전이나 주식을 매수한 후에도 기본적으로 계속해서 추적해서 보아야 할 자료이다. 기업 실적이 발표되기 이전에 실적 예상에 대해 기술하는 자료와 기업 실적이 발표된 이후 실적에 대한 코멘트나 평가를 기술하는 자료로 나누어 볼 수 있다.

프리뷰 자료, 기업 실적 발표 직전 작성하는 자료

기업 실적이 발표되기 전에 작성하는 자료를 실적 프리뷰 자료라고 한다. 기업 실적이 발표되기 이전에 증권사 애널리스트는 조만간 발표될 실적을 예상한다. 기업 실적이 기존에 예상했던 수준에 부합하는지, 미치지 못하는지, 넘어서는지 등을 점검해서 애널리스트의 판단과 그 근거에 대해 작성하게 된다. 기업 실적 프리뷰 자료를 통해서 투자에 대한 의사 결정을 하는 데 활용할 수 있다.

기업 실적 프리뷰 자료를 작성하기 전 분서 과정에서 조만간 발표될 실적이 시장에서 예상하는 것보다 좋을 것으로 전망된다고 하자. 이러한 예상 하에서 현재 주가가 저평가 되어 있는 것으로 판단된다면 실적 발표 이전에 주식 매수 의견을 제시할 수 있다. 발표될 기업 실적이 기존 예상보다 좋을 것으로 판단되지만 주가가 이미 고평가 받고 있는 상황이라면 매수를 추천하기 어려울 것이고 기존 주식을 보유하거나 일정 정도 차익 실현을 고려하는 게 좋을 것이다.

주가가 고평가 받는다는 의미는 어떤 기업의 주가가 기본 가치보다 높은 수준에 있다는 것이다. 좋은 주식과 좋은 기업은 같으면서도 다른 개념이라고 할 수 있다. 좋은 기업의 주식은 시장의 좋은 평가를 받을 수 있어 좋은 주식일 수 있다. 하지만 경우에 따라서 좋은 주식이 아닐 수 있다. 그것은 본질 가치에 비해 주가가 이미 충분히 올랐다면 투자하기에 좋은 주식이 아닐 수 있기 때문이다. 좋은 기업의 주식은 좋은 주식일 수도 있지만 주가 수준이 본질 가치에 비해 너무 많이 올랐다면 좋은 주식이라고 할 수 없는 것이다.

리뷰 자료, 기업 실적 발표 직후 작성하는 자료

기업 실적 발표 직후에 작성하는 자료는 실적 리뷰 자료라고 한다. 기업 실적이 발표된 후 신속하게 발간하게 되는데 발표된 실적에 대한 해석 및 평가, 이를 기초로 한 향후 전망이 포함된다. 애널리스트 입장에서 생각해 보면 기업 실적이 발표되었으니 뭔가 자료를 써야 해서 의무적으로 작성한 경우도 있고 발표된 실적이 큰 의미를 갖고 있어서 작성하는 경우도 있다.

발표된 실적이 프리뷰 자료에서 예상했던 것보다 더 좋게 나왔거나 더 나쁘게 나왔다면 향후 전망을 변경해야 할 것이고 이에 따라 목표 주가나 투자 의견이 변경될 수 있다. 따라서 그냥 의무적으로 작성한 자료는 활용할만한 정보가 많지 않을 것이고 발표된 실적에 의미가 있어 작성한 자료는 활용할 정보가 많을 것이다.

해설가의 자료 vs. 분석가의 자료

우리는 여기서 해설가보다 분석가의 자료를 찾으려고 해야 할 것이다. 애널리스트는 분석하고 기업 가치를 평가하는 것을 업으로 하고 있다는 생각에서 출발하는 것이다. 해설가의 자료는 상황을 잘 정리해 주는 것이다. 이러한 자료도 투자 정보를 수집하는 데 필요한 정보라고 할 수 있다. 하지만 더 가치 있는 자료는 분석가의 자료이다. 분석가의 자료는 상황에 대한 정리뿐 아니라 시사점, 전망, 그리고 대응 방안까지 제시해 주는 것이다. 의무적으로 쓴 자료는 해설가의 자료에 머물 수밖에 없다. 의미를 찾으려고 분석하여 작성한 자료는 한 단계 높은 수준인 분석가의 자료라고 할 수 있다. 해설가의 자료보다 분석가의 자료가 한 단계 진화한 자료라고 할 수 있다.

프리뷰 vs. 리뷰

기업 실적 관련 자료에 있어서 프리뷰 자료와 리뷰 자료 중 어느 쪽에 무게를 두고 봐야 할 것인가에 대해서 생각해 보자. 아무래도 기업 실적 프리뷰 자료에 무게를 두는 것을 추천한다. 리서치센터장 재직 시 애널리스트에 대한 성과 평가를 할 때 프리뷰 자료에 대해서 높은 점수를 주었다. 주가는 미래의 가치를 반영하는 것이기 때문에 실적 발표 이전에 조만간 발표될 실적에 대해 작성하는 자료에 높은 가중치를 준 것이다. 주가가 미래의 가치를 반영한다면 발표된 실적을 분석하는 자료보다는 발표될 실적을 예상하는 자료에 조금 더 가치를 줄 수 있는 것이다. 기업 실적리뷰 자료의 경우도 발표된 실적에 대한 해석 및 평가도 중요하겠지만 발표된 실적을 바탕으로 한 향후 전망에 무게를 좀 더 두어야 할 것이다. 해설가보다는 분석가가 애널리스트라는 직업의 본질이기 때문이다.

이슈 분석 자료

이슈 분석 자료는 주식 시장에서 수시로 발생하는 다양한 이슈가 주가에 어떠한 영향을 미칠 것인가를 분석하는 자료라고 할 수 있다. 기업 실적 관련 자료와는 달리 다양한 주제를 다루게 된다. 단기간에 영향을 미치는 이슈도 있을 것이고 4차 산업 혁명과 같이 중장기적이거나 구조적인 문제와 관련된 이슈도 있을 것이다.

단기 이슈 분석 자료

먼저 단기간에 영향을 미치는 이슈를 분석하는 단기 이슈 분석 자료에 대해서 생각해보자. 어떤 종목과 관련된 뉴스나 공시 등이 발표되었을 때 그 이슈에 대한 설명과 주가에 대한 영향 등을 분석하는 자료이다. 수많은 뉴스나 공시 등이 발표되었을 때 관련 기업에 의미 있는 정도의 영향을 미칠 것인가에 대해 판단해 보게 된다. 분석의 결과 해당 기업이나 주가에 의미가 있다고 판단될 때 자료를 작성할 것이고 큰 의미가 없다고 판단되면 작성하지 않을 것이다. 다만 주식 시장의 관심이 높은 이슈는 큰 영향이 없을 것으로 예상되어도 작성할 수 있는데 분석 결과대로 관심이 높은 이슈이지만 큰 영향은 없다는 내용이 자료에 포함될 것이다.

발생한 이슈로 인해 이미 주가가 움직였는데 분석한 것보다 과도하게 반영되었을 경우에도 작성된다. 과도하게 상승했다면 보유 주식을 매도하여 차익을 실현할 수도 있고 과도하게 하락하였다면 매수할 것을 추천할 수 있다. 결국 단기 이슈 분석 자료는 이슈가 발생했는데 그 이슈가 시장의 주목을 받는 것이거나 주가에 의미있는 움직임이 나타나고 있거나 앞으로 나타날 것으로 예상될 때 작성하게 된다고 이해하면 될 것이다.

예를 들면 주식 시장에는 어떤 기업이 대규모 증자 계획을 발표하는 경우가 종종 있다. 이때 증자 대금의 규모, 사용 목적 등을 공시하게 되는데 그 내용에 따라 주가가 영향을 받을 수 있다. 따라서 해당 기업 분석을 담당하고 있는 애널리스트는 이에 대한 정확한 분석을 신속하게 해야 할 것이고 목표 주가나 투자 의견을 변경해야 할 수도 있다. 이때 작성하는 자료가 단기 이슈 분석 자료라고 할 수 있다.

A기업과 B기업이 합병 계획을 발표하는 경우도 있다. 합병에는 병렬합병도 있을 수도 있지만 실제로는 인수 후 합병의 형태를 취하는 것이 대부분이다. 이러한 이유로 인수와 합병이라는 말이 함께 사용된다. 흔히 M&A$^{mergers\ and\ aquisitions}$라는 말이 자주 쓰인다.

합병 발표를 할 경우에는 인수 기업(인수하는 기업)과 피인수 기업(인수되는 기업)이 존재하게 된다. 인수 기업의 주식을 보유하고 있는 주주이거나 피인수 기업의 주주의 경우 각각 다른 입장에 처할 수 있다. 인수 기업이 피인수 기업의 가치를 어느 정도로 평가하고 있는가, 어떠한 방법으로 지분을 매입할 것인가, 인수 자금은 어떻게 조달할 것인가, 인수 후 합병은 어떠한 방법이나 형태로 이루어질 것인가 등에 따라 다양한 변화가 있을 수 있다. 또한 이 과정에서 여러 가지 이슈가 제기될 수 있다. 각 기업의 주식을 보유한 투자자의 경우 유불리를 따져 봐야 할 것이고 이에 따른 각 주식의 가치 평가가 달라질 수 있을 것이다. 주가에 중요한 이슈이므로 이에 대해 분석하여 단기 이슈 분석 자료를 작성하게 될 것이다. 만약 두 기업간의 합병이 해당 산업에 중대한 변화를 초래할 정도로 큰 규모라고 한다면 중장기적인 관점에서도 이슈 분석 자료를 작성해야 할 것이다.

단기 이슈에 대한 대응의 기준, 밸류에이션

이상에서 중요한 이슈가 발생했을 때 애널리스트 분석 자료가 작성되는 경우에 대해 이야기해 보았다. 그런데 어떤 뉴스나 공시에 대해 주가가 의미있게 반응한 경우에 분석 자료를 작성하는 경우도 있다. 예를 들면 애널리스트 입장에서는 발생한 이슈가 그렇게 중요한 의미가 있는 것이 아니라고 판단하였다면 분석 자료 작성을 하지 않을 수 있다. 그런데 주식 시장에서 관련 기업의 주가가 큰 폭으로 움직였다면 이슈의 경중과 별개로 자료를 작성해야 할 수도 있다.

　중요하지 않은 이슈의 영향으로 주가가 큰 폭으로 움직였다면 주식을 살 기회이거나 팔 기회가 될 수 있다. 이때는 이슈의 중요한 정도보다는 현재 주가 수준이 저평가되거나 고평가된 점이 애널리스트가 분석 보고서를 작성할 근거가 될 수 있다. 기존 투자 의견이 보유^{hold} 의견이었지만 최근 주가가 별다른 이유 없이 하락했다면 매수 의견으로 투자 의견을 변경할 수도 있다. 주가가 하락하여 실제 가치에 비해 주가가 낮아졌다면 매수를 고려할 가격이 되었다고 판단할 수 있는 것이다.

　애널리스트의 가장 중요한 역할은 현재 주가 수준이 기업의 실제 가치에 비해 높은가, 낮은가를 판단하는 것이다. 이러한 과정을 가치 평가(밸류에이션)라고 한다. 기업 분석 보고서에서 자주 접하게 되는 용어이다.

중장기 이슈 분석 자료
다음으로는 중장기 이슈 분석 자료이다. 단기 이슈 보다는 중장기적으로 구조적인 변화를 가져올 수 있는 이슈를 분석하는 자료이다. 제도적인 변화, 정책적인 변화 등이 해당 산업 혹은 기업에 구조적 변화를 가져오게 될 것이라는 분석 과정과 결과에 대해 작성하게 된다.

예를 들면 미국 대통령 선거에서 바이든 후보가 대통령에 당선되었을 때 이에 대한 영향 등을 분석하는 자료가 중장기 이슈 분석 자료에 해당할 것이다. 미 대통령 임기가 4년이고 중임이 가능하기 때문에 정책 방향을 결정할 경우 상당기간 지속될 가능성이 높다. 바이든 정부의 인프라 투자 정책, 대중국 정책 등의 기조 등이 관련 산업과 관련 기업에 영향을 줄 수 있다.

기후 변화 협약이 재개되면서 글로벌 주요국의 친환경 정책의 시행 등도 중장기적으로 글로벌 주식 시장에 영향을 미칠 수 있을 것이다. 수혜를 보는 산업이 있을 것이고 위축될 산업도 있을 것이다. 산업별 영향에 따라 수혜 기업과 피해 기업이 나타날 것이고 특히 산업적인 큰 변화에서 주도권을 갖게 될 글로벌 기업이 나타날 수 있는데 그 기업의 성장성, 수익성 등에 대해 분석해 볼 필요가 있을 것이다. 또한 새로운 경쟁 구도도 나타날 수 있으므로 이에 대해서도 생각해 보아야 할 것이다.

4차 산업 혁명은 코로나19가 확산되는 중에도 진행되었다. 그만큼 도도한 흐름이 진행되고 있는 것이다. 과거 1, 2, 3차 산업 혁명도 단시일 내에 끝나지 않고 상당기간 지속되었다. 4차 산업 혁명과 같은 이슈는 아주 큰 트렌드 변화를 가져오는 것이다. 아주 오랜 기간 큰 변화가 진행되기 때문에 당장 급격하게 눈에 띄는 변화를 가져오지 않아 현 시점에서 변화하고 있다는 것을 느끼지 못할 수 있다. 상당한 시일이 지나고 변화의 구체적인 결과물이 나오게 되면 큰 변화가 일어나고 있었음을 알게 될 수 있다.

중장기 이슈 지속적인 관심을 가지고 방향을 보아야 함

결국 상당한 관심을 가지고 살펴보고 찾아보지 않는다면 큰 변화의 흐름을 인지하지 못할 수 있다. 바로 직전에 예를 들었던 기후 변화 협약, 친환경, 플랫폼 혁명 등이 이에 해당될 것이다. 이러한 큰 트렌드 변화는 관련 기업을 찾는 것보다 산업의 방향을 읽어내는 게 더 중요하다. 주식 시장에서 관련 기업을 찾으려고 하면 당장 눈에 띄지 않는 경우도 많을 것이다. 새롭게 등장하고 있는 산업에 속해 있는 기업은 기술에 특화된 소규모 기업일 가능성이 높기 때문이다.

기타 기업 및 산업 분석 자료

이니시에이션 자료 활용법

그 밖에 기업 및 산업 분석 자료 중에서 추가적으로 구분해 볼 수 있는 자료는 분석을 시작하는 애널리스트가 작성하는 자료이다. 이러한 자료를 이니시에이션initiation 자료라고 한다. 이니시에이션은 시작, 개시를 의미한다. 어떤 애널리스트가 새로운 업종 분석을 시작할 때에는 준비하는 과정을 거친다. 이 과정에서는 해당 산업에 대한 기초적인 것부터 향후 전망에 대한 것까지 분석을 수행한다. 또한 해당 산업에 속해 있는 기업 중 분석 대상 기업을 선별하고 각 기업에 대한 투자 의견, 목표 주가 등을 결정하게 된다. 즉, 해당 산업의 A부터 Z까지를 정리하는 자료를 작성하게 된다. 결국 이러한 자료는 어떤 산업을 기본적인 것에서 심도있는 내용까지 자세하게 살펴보는 데 활용할 수 있을 것이다. 다만 이와 같은 자료가 자주 발간되지는 않는다는 점은 염두에 둘 필요가 있다.

투자 전략, 경제 분석, 자산 배분 자료

투자 전략, 경제 분석, 자산 배분 자료는 통칭해서 매크로 자료라고 한다. 아무래도 거시적인 관점에서 접근하는 자료이기 때문이다. 매크로를 한국어로 '거시' 정도로 번역할 수 있을 것이다.

투자 전략 자료

투자 전략 자료는 주로 주식 시장이나 채권 시장과 관련된 자료이다. 해당 시장의 현황과 전망에 대해서 분석하는 애널리스트의 주장을 정리하여 작성한다. 작성하는 증권 회사별로 시장을 보는 관점이 다를 수 있어 다양한 증권 회사의 견해를 비교해 보는 것이 좋을 것이다. 투자 전략을 담당하는 연구원Researcher을 투자 전략가 혹은 스트래티지스트Strategist라고 한다. 투자 전략 자료를 작성할 때에는 거시 경제 환경, 각 시장에 대한 분석 등을 바탕으로 향후 시장의 방향, 투자 전략, 리스크 요인 등에 대한 견해를 제시하게 된다.

경제 분석 자료

경제 분석 자료는 투자 전략의 배경이 되는 경제 상황과 전망에 대해 분석하는 자료이다. 규모가 작은 증권 회사의 리서치센터에서는 투자 전략 자료 범주에 포함되는 경우도 있으나 대형 증권사의 경우에는 경제 분석 자료라는 별도의 범주로 분류되기도 한다. 경제 상황을 좀 더 세부적으로 살펴보기 위해서는 따로 작성된 경제 분석 자료를 참고하면 될 것이다. 한 증권사에서 발표되는 투자 전략 자료와 경제 분석 자료는 맥락이 일치하게 된다. 한 증권 회사를 대표하는 견해house view이기 때문이다. 만약 한 증권 회사에서 작성된 두 자료가 상이한 주장을 담게 된다면 그 증권 회사의 리서치 자료에 대한 신뢰가 크게 떨어질 것이다. 그만큼 매크로 자료의 전체 기조는 상당한 정도의 내부적인 논의를 거쳐서 만들어질 수밖에 없는 것이다. 경제 분석을 담당하는 연구원을 경제 분석가 혹은 이코노미스트Economist라고 한다.

자산 배분 관련 자료

자산 배분 관련 자료는 주식, 채권, 대체 투자 자산 등 투자 대상 자산을 어떻게 배분할 것인가를 설명하는 자료이다. 자산 배분이 투자 전략 자료에 포함되는 경우도 있다. 각각의 투자 대상 자산을 배분하는 내용을 담고 있기 때문에 각 시장에 대한 내용이 종합 정리되어 있다. 작성하는 사람의 스타일에 따라 계량적인 분석틀을 가지고 자산 배분을 하는 경우도 있고 그렇지 않은 경우도 있다. 자산 배분 전략을 수립하는 데 사용된 방법론을 설명하는 것보다는 자산 배분 전략의 수립 근거와 자산 배분 작업의 결과물을 중심으로 작성되는 경우가 많다.

퀀트 분석 자료

그밖에 퀀트^{Quant} 분석 보고서가 있다. 이는 투자 전략이나 자산 배분과 관련된 보고서에 포함될 수도 있다. 주로 데이터나 숫자를 중심으로 계량적인 분석을 통해서 시장의 흐름과 투자 전략에 대한 아이디어를 제공한다. 동 보고서는 매크로 리서치의 보조적인 역할이라고 할 수도 있지만 어떻게 접근하는가에 따라 유용하게 활용할 수 있는 자료가 된다. 재무 관련 데이터, 실적 예상치 등의 데이터를 활용하여 실적이나 기업 가치 대비 저평가 종목을 검색^{screen}하여 투자할 만한 종목들을 1차적으로 골라볼 수 있다.

또한 실적 개선 모멘텀이 발생하고 있는 종목도 검색해서 추천할 수도 있다. 예를 들면 현재 주식 시장 상황이 실적이 좋고 저평가 되어 있는 주식을 선호하는 상황이라면 각종 데이터를 활용해서 이에 해당하는 종목을 검색해 볼 수 있을 것이다.

여기에 애널리스트의 기업 분석이 가세된다면 투자할만한 종목을 선별하는데 많은 도움이 될 것이다. 주식 시장에는 수많은 종목이 상장되어 있기 때문에 퀀트 분석 자료를 잘 이용하면 투자 대상 종목을 찾는 노력을 줄일 수 있을 것이다.

매크로 자료의 작성 흐름

이와 같은 매크로 자료의 작성 흐름을 설명해 보면 글로벌 경제 환경 및 금융 환경을 분석하여 경제 분석 자료가 작성된다. 여기에 경제 및 금융 환경을 토대로 주식 시장, 채권 시장 등의 시장에 대한 분석을 덧붙여서 투자 대상 자산과 관련된 투자 전략 자료가 작성된다. 그리고 나서 이러한 점들을 종합해서 자산 배분 전략이 결정되고 이를 설명하는 자료가 작성된다. 결국 주식, 채권, 기타 자산의 비중을 어떻게 결정할 것인가를 위해서 경제 환경, 각 자산 관련 시장에 대한 전략에 대한 리서치가 수행되는 것이다.

경험이 쌓이는 과정에서
자신만의 분류 방법을 만들어 가도록 한다

지금까지 리서치 자료의 분류 체계를 통해 자료 작성의 이유나 배경을 파악하는 방법에 대해 알아보았다. 이 방법은 자료 작성 이유와 배경을 파악하는 여러 방법 중 초보 주식 투자자들이 활용하기에 간단하면서 활용하기 좋은 방법이라고 판단되기 때문에 소개한 것이다.

항상 옳은 방법은 없어, 자신만의 방법을 찾아야

그런데 이러한 방법은 항상 옳은 방법이라고 할 수는 없다. 향후 주식 투자에 대해 공부하고 투자의 경륜이 쌓이는 과정에서 자신만의 분석 자료 분류 방법이 만들어질 수 있다. 이때 자신이 터득한 새로운 분류 방법이 사용하기 편하고 자기 자신에게 적합하다고 생각된다면 그 방법을 사용하면 될 것이다. 어떠한 방법을 이용하더라도 리서치 분석 자료를 통해서 투자 정보를 수집하려고 할 때에 잊지 말아야 할 것이 하나 있다. 그것은 분석 자료를 분류해 보는 취지가 자료 작성의 이유나 배경을 파악하기 위해서라는 것이다.

리서치센터의 자료 분류 체계를 이용하지 않고도 분석 자료를 분류하는 방법 중 하나는 읽어볼 만한 자료, 읽어볼 필요가 없는 자료로 분류하는 것이다. 또한 주식 투자를 하는 데 있어서 자신이 관심을 가지고 보는 트렌드나 사안이 있는 경우와 그렇지 않은 경우로도 자료를 분류할 수 있다. 아니면 자기가 선호하는 애널리스트가 작성한 자료와 선호하지 않는 애널리스트가 작성한 자료로도 구분이 가능하다.

막무가내로 모든 분석 자료를 읽는 것보다는 분석 자료를 각자가 신호히는 기준으로 구분한 후 그 자료의 작성 의도를 파악하는 것이 애널리스트 분석 자료에 접근하는 효율적인 방법이 될수 있을 것이다.

분석 자료를 보는 간단한 방법

이번에는 분석 자료를 어떻게 볼 것인가라는 좀 더 현실적인 방법에 대해서 설명해 보겠다. 대부분의 사람들은 애널리스트 분석 자료를 보는 이유는 주식 투자를 더 잘해보기 위해서일 것이다. 주식 투자 경험이 쌓인 전문 투자자나 기관 투자자들 입장에서도 애널리스트 분석 자료를 주식 투자에 잘 활용하기 위해서 읽어볼 것이다. 분석 자료의 내용에는 시장이나 어떤 특정 주식에 대한 전망이 포함되어 있다. 최소한 앞으로의 기업 실적이나 주가의 방향에 대해서 언급되어 있다.

여기서 중요한 몇 가지 질문을 해 볼 수 있다. 분석 자료를 볼때 주가를 잘 맞추는 애널리스트가 작성한 분석 자료를 볼 것인가 아니면 분석력이 좋은 애널리스트의 분석 자료를 참고하는 것이 좋을 것인가에 대해서 생각해 보자.

물론 좋은 분석력을 바탕으로 주가를 잘 맞추는 애널리스트의 분석 자료를 참고하는 게 좋다는 것이 가장 이상적인 답변일 것이다. 현실 세계에도 그러한 애널리스트가 있을 수 있겠지만 그동안 경험해 본 바로는 지속적으로 주가를 잘 맞추었던 애널리스트를 거의 보지 못하였다. 애널리스트의 실력 문제보다는 주식 시장이 수많은 요인에 의해 움직이고 있기 때문일 것이다.

필자가 증권 회사 리서치 조직에서 20년 이상 애널리스트로 생활하면서 가장 많이 받은 질문은 '좋은 종목을 찍어 달라는 것'이었다. 그만큼 대다수의 사람들은 주식을 샀을 때 수익을 낼 수 있는 종목을 알고 싶어한다는 것이다. 즉, 주가 수준이나 방향성을 잘 맞추는 정확성에 초점을 두고 있는 것이다.

그런데 다른 한편에서는 고기를 잡아 주기보다는 잡는 방법을 알려줘야 한다는 사람들도 있다. 주로 주식 투자의 경험이 많은 이들이나 전문가들이 여기에 해당한다. 주식 투자는 자기가 할 테니 애널리스트는 분석을 잘 하라는 것이다. 분석 자료의 결론을 도출하기까지의 과정이 더 중요한데 그 과정에서는 분석력이 더 중요하다는 것이다. 과연 어떤 것이 더 맞는 말일 것인가에 대해서 생각해 보자.

적중률이냐 분석력이냐?

결론부터 말하자면 적중률보다 분석력에 좀 더 무게를 두고 보는 게 좋다고 생각한다. 주가나 주가 지수의 방향을 잘 맞추는 것도 중요하지만 그 배경에 대한 분석이나 전망도 중요하다. 그 배경을 잘 이해해야 주변 상황이 변화할 때 적절한 대응을 할 수 있기 때문이다.

예측 기간에 따라 적중률에 대한 판단이 달라질 수 있음

좀 더 생각해 보면 주가를 정확하게 맞춘다는 것은 예측 기간에 따라 정확성에 대한 판단이 달라질 수 있는 문제라는 것이다. 하루하루의 주가를 잘 맞추는 것이 주가를 잘 맞춘다는 것인지 아니면 10년 뒤의 주가를 잘 맞추는 것이 주가를 잘 맞춘다는 것인지를 생각해 볼 필요가 있다.

하루하루 주가를 잘 맞추는 것은 사실상 어렵다. 다양한 변수가 복합적으로 매일매일의 주가에 영향을 미치고 있기 때문이다. 단기적인 수급 요인, 다양한 관련 언론 기사, 정책 당국자들의 발언, 글로벌 증시의 변동 등이 하루하루의 주가에 영향을 주고 있다.

또한 이러한 요인들이 주가에 영향을 주는 강도도 매일 바뀌고 있다. 이를테면 물가 상승 소식이 오늘은 주가에 부정적인 영향을 주었다가도 내일은 긍정적인 영향을 줄 수도 있다. 경기 둔화 우려가 있는 가운데 물가가 상승하는 경우와 경기 회복 신호가 나타나는 가운데 물가가 상승하는 경우는 다르게 해석될 수 있는 것이다.

이러한 상황을 고려하면 매일 주가의 등락을 정확하게 예측한 다는 것은 마치 동전 던지기 게임을 하는 것과 유사하다고 할 수 있다. 단기간의 주가 적중률에 무게를 두는 것은 운에 맡기는 투자와 다르지 않다는 생각이다.

고장난 시계도 하루에 두 번은 정확한 시간을 맞춘다

또한 고장 난 시계도 하루에 두 번은 맞는다는 말을 생각해 볼 수도 있다. 고장이 나서 움직이지 않는 시계도 오전에 한 번 오후에 한 번 정확한 시각을 표시하게 된다는 것이다. 시계에 표시된 시각은 변하지 않는데 시간이 흘러가고 있기 때문에 하루에 두 번을 정확하게 맞추는 시계가 된다. 고장 나지 않고 계속 움직이고 있는 시계는 정확하게 설정이 되어 있지 않다면 하루에 한 번도 정확한 시각을 맞추지 못할 수 있다. 적중률에 무게를 둔다면 고장 난 시계를 선택해야 하겠지만 진정한 의미의 시계를 얻을 수 없게 된다.

주가의 방향을 전망할 때 아무런 상승 배경이나 논리가 없더라도 줄기차게 주가가 상승할 것이라고 주장하면 적중률을 높일 수 있다. 주가가 하락할 때에도 주가가 상승할 때에도 내일은 무조건 주가가 오른다고 하면 절반 정도의 확률로 주가를 맞출 수 있을 것이다. 주가 변동은 오르거나 하락하는 두 가지 경우가 있을 것이기 때문에 이론상 주가가 상승할 확률은 50%가 될 것이다. 하지만 이 경우 주가 방향의 적중률이 큰 의미를 갖기 어려울 것이다.

주가 방향에 대한 75%의 적중률의 의미

이와 관련해서 한 가지 사례를 이야기해 보고 다음으로 넘어가 보겠다. 간혹 자산 운용과 관련해서 자기가 개발한 주가 예측 모형으로 모의시험(시뮬레이션)을 해 봤더니 75%의 정확도를 기록한다고 이야기하는 경우가 있다. 4번 중 3번을 맞추는 것이니까 높은 적중률이라고 할 수도 있을 것이다.

방금 앞에서 설명했듯이 주가의 방향을 맞출 확률은 50%가 된다는 점을 고려하면 25% 포인트 정도의 적중률을 개선시켰다는 것을 의미하는 것이다. 실제 투자를 한 것이 아니라 모의시험을 한 것이기 때문에 방향성 예측에서는 기본적으로 50%의 적중률을 기록할 수 있을 것이다. 여기에 다른 통계적인 방법론을 도입하여 추가적으로 상승과 하락이라는 방향성에 대한 적중률을 높이는 것이다.

이러한 점들을 종합해 보면 주가 수준이 아닌 주가 방향에 대한 75% 적중률은 좋은 예측모형과 그렇지 않은 예측모형을 구분하는 기준이라고 할 수 있다는 생각이다. 하지만 75% 적중률은 탁월한 예측모형이라고 하기 어렵다고 판단되며 주식 시장에서 적중률이 75%보다 큰 폭으로 높을수록 훌륭한 주가 예측모델이라고 할 수 있을 것이다.

분석력을 통해 주가 예측력을 높이는 것이 중요

다시 돌아와서 가장 이상적인 것은 합리적인 분석을 통해 주가 수준을 정확하게 맞추는 것이다. 하지만 주가를 움직이는 변수에는 예측이 가능한 것과 예측이 불가한 것이 동시에 존재하기 때문에 주가 수준을 정확하게 맞추는 것은 상당히 어려운 작업이 될 것이다.

하지만 분석력이 높을 경우 주가 방향의 예측 가능성을 높일 수 있을 것이다. 장기적으로 주가는 기업 실적에 따라 결정된다. 기업 실적은 분석력을 통해 합리적인 추론이 가능하다. 결국 분석력을 통해 기업 실적 전망을 정확하게 한다면 중장기적인 주가의 방향을 읽어내기 용이할 것이다. 장기 투자자라면 분석력에 무게를 두어야 하는 이유라고 할 수 있다.

역지사지

주식 투자자와 애널리스트는 각자의 입장에서 역지사지易地思之를 생각해 볼 필요가 있다. 주식 투자자는 애널리스트의 입장에서 분석 자료를 이해하려 하고 애널리스트는 투자자의 입장에서 분석 자료를 작성하여야 한다는 것이다.

애널리스트는 데이터나 객관적인 사실을 통해 현재 상황을 분석하고 이를 토대로 향후 전망을 하게 된다. 자료 작성시 다양한 컴플라이언스 지침을 지켜야 하고 소속 증권 회사의 내부적인 지침과 자본시장법을 준수해야 한다. 따라서 일정한 형식의 작성 기준이 있는 경우가 많고 시의성만을 강조하는 데 한계가 있다.

이에 반해 주식 투자자는 시의적절 하면서도 쉽고 명료하게 작성된 분석 자료를 필요로 한다. 이 때문에 애널리스트 분석 자료가 다소 장황하고 논점이 흐려져 있다고 불만을 가질 수 있다. 하지만 애널리스트는 전적으로 주식 투자자의 요구에 부응하기 어려운 현실적, 제도적 한계라는 문제에 처해 있다. 결국 현실적인 한계를 이해할 수밖에 없다면 주식 투자자는 애널리스트의 자료를 단순화하여 이해하고 자료 내용을 취사선택하여 투자 판단의 근거로 활용할 수 있어야 할 것이다.

분석 자료에는 보고서 작성 이유 혹은 배경, 재무 정보, 투자 포인트, 투자 의견, 목표 주가, 투자 전략 등이 포함되어 있다. 주식 투자를 하는데 있어서 이들 세부내용에 대해서 판단할 수 있는 시각이나 기준을 갖추는 게 필요할 것이다. 하지만 초보 주식 투자자의 경우 이들 내용을 모두 다 파악하기 어렵고 어느 정도 이해력을 갖추기 위해서는 많은 노력과 시간이 필요할 것이다. 따라서 아주 세부적인 부분까지 파악하고 나서 실제 주식 투자를 하려고 하면 투자 시기를 놓치거나 투자를 실행하기 어려울 것이다. 따라서 다음에는 초보 주식 투자자가 알아두면 좋은 분석보고서 내용을 파악하는 요령을 정리해 보기로 한다.

분석 자료 내용을 파악하는 6가지 요령

이제 초보 주식 투자자를 위해서 분석 자료 내용을 파악하는 6가지 요령을 이야기해 보겠다. 여기서 제시하는 요령을 이용해서 분석 자료를 자주 읽어 보면 내용을 파악하는 시간이나 노력을 줄일 수 있을 것이다. 6가지 요령은 필자가 그동안 경험하였던 것들을 바탕으로 평소 생각해 왔던 것들을 정리한 것이다.

애널리스트 분석 자료의 구성에 대하여

다음 그림은 애널리스트 분석 자료의 구성 요소를 도식화한 것이다. 일반적으로 대부분의 리서치센터에서 발간하는 기업 및 산업 분석 자료는 이러한 구성을 기본으로 하고 있다고 생각하면 될 것이다. 이러한 구성을 사전에 파악하고 있다면 분석 사료를 볼 때에 자신이 필요한 부분, 눈 여겨 볼 부분을 사전에 파악해 볼 수 있을 것이다. 또한 분석 자료를 통해 정보를 수집하는 시간을 조금이나마 줄여볼 수 있을 것이다.

애널리스트 분석 자료의 구성 요소

종목추천

기업 분석

산업 분석

시장 분석

경제 전망

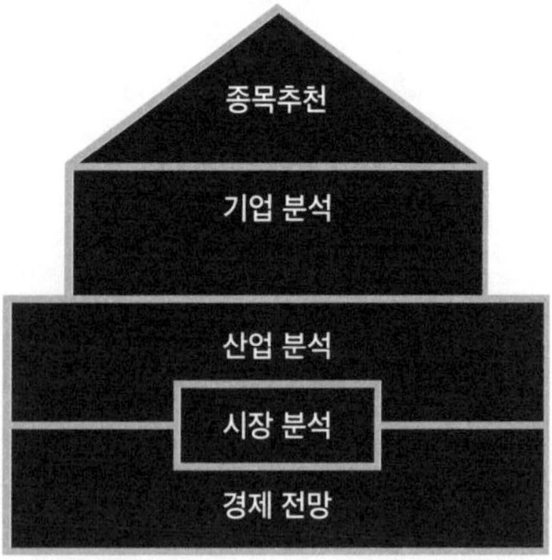

애널리스트 분석 자료에 대해 간단하게 설명해 보면 경제 환경

과 주식 시장 환경을 살펴본 후 이를 기초로 해당 산업에 대한 분석을 한다. 경제와 주식 시장 환경을 살펴보는 부분이 매크로 분석 영역이라고 할 수 있다. 이후 기업에 대한 분석을 하고 투자 판단을 내리게 된다.

여기서 투자자들은 경제 및 시장 환경에 대한 기초적인 정보를 얻을 수 있고 해당 기업이 속해 있는 산업의 전반적인 상황과 현재 제기되고 있는 이슈들도 파악할 수 있을 것이다. 이러한 기초적인 지식을 기반으로 기업과 관련된 미시적인 재무 정보들을 살펴본 후 투자 판단을 내릴 수 있을 것이다.

만약 경제 및 시장 환경을 파악하고 있다면 이 부분을 건너 뛸 수 있을 것이다. 다만 자신이 알고 있는 환경과 분석 자료에서 제시하고 있는 의견을 비교해 볼 필요는 있다. 투자 판단에 있어서 자신의 판단 기준이 중요한데 자신의 판단 기준이 항상 옳은 것은 아니기 때문이다. 분석 자료를 통해서 자신의 판단 기준에 대한 생각을 정리해 보고 수정할 것은 수정할 필요가 있다.

투자 포인트와 정량적인 근거가 중요

기업 분석과 종목 추천 부분을 이용하여 자신의 투자 판단을 내리는데 활용할 수 있다. 여기서 중요한 것은 분석 자료에서 제시된 투자 포인트가 자신의 판단 기준 하에서 타당해야 한다는 것이다. 타당해 보이면 투자 포인트를 중심으로 해당 기업을 추적 관찰해야 힐 것이다. 긍정저인 투자 포인트가 유지되거나 개선된다면 긍정적인 의견을 변경할 필요가 없다. 그러나 그렇지 않다면 의견을 부정적으로 변경할 필요가 있다.

분석 자료에 제시되어 있는 투자 판단의 근거는 정성적인 것도 일부 필요하겠지만 정량적인 것에 더 무세를 두어야 한다. 정성적인 부분은 객관적이라기 보다는 경험에 입각한 것이다. 따라서 초보 주식 투자자는 경험이 부족하기 때문에 정량적인 것에 무게를 두어야 할 것이다. 필자의 생각은 경험이 쌓이면서 정성적인 부분, 일명 감이 발달한다고 하더라도 재무 지표, 데이터 등 정량적인 것들에 기반하는 것이 투자에 크게 실패할 확률을 줄일 수 있다는 것이다. 감이라는 것은 그날의 컨디션, 주변 환경 등 상황 변화 따라 크게 바뀔 수 있는 것이기 때문이다. 이제 본격적으로 분석 자료를 보는 6가지 요령에 대해서 이야기해 보겠다.

분석 자료의 전체적인 내용을 파악

먼저 첫째, 분석 자료의 전체적인 내용을 파악해 본다. 이렇게 이야기하면 분석 자료를 처음부터 끝까지 읽지 않고 어떻게 전체적인 내용을 파악할 수 있냐고 되물을 수 있다. 하지만 분석 자료를 한 번이라도 접해 보았다면 쉽게 이해할 수 있을 것이다. 모든 분석 자료에는 앞부분에 요약이 있다. 이를 활용하면 전체적인 내용을 쉽게 파악할 수 있다. 요약된 내용을 읽었는데 그 내용을 파악하기 어렵다면 두 가지 경우에 해당할 것이다. 하나는 작성자가 분석 자료 작성 시 확신 없이 자료를 작성했거나(작성자 오류) 다른 하나는 자료를 읽는 사람이 이해하기 어려울 정도의 수준이었다고(내용의 난이도 또는 설명력 부족) 할 수 있다. 그런데 거의 모든 증권 회사 리서치센터에서 분석 자료를 작성할 때에는 이해하기 쉽게 작성하는 것을 기본적으로 강조하고 있기 때문에 후자보다는 전자일 가능성이 높다고 할 수 있다. 즉, 좋은 분석 자료가 아닐 가능성이 높고 자신의 논점이 없이 중구난방으로 작성되었을 가능성이 높다는 것이다.

분석 자료 작성 이유를 파악

둘째, 분석 자료를 왜 작성했는지를 파악하는 것이다. 자료 작성 배경을 먼저 파악할 수 있다면 자료를 읽는 시간을 줄일 수 있다. 분석 자료 작성의 의도를 안다면 그 부분에 초점을 맞추고 자료를 보면 되기 때문이다. 또한 자료 분량이 많고 적음을 떠나서 주제의 경중 혹은 자신의 관심의 정도를 사전에 생각해 볼 수 있을 것이기 때문이다. 대부분의 분석 자료의 요약 부분에는 작성한 배경이나 이유가 언급되어 있다. 앞에서 언급했던 자료 전체 내용을 파악하는 과정에서 자료 작성 의도도 파악할 수 있을 것이다.

결론부터 읽어 보자

셋째, 분석 자료의 결론 부터 읽는 게 더 쉬울 수 있다. 자료 작성 의도를 파악했다면 중간 내용을 건너뛰고 결론 부분을 읽어 보는 것이 자료 전체 내용을 이해하는데 좋은 방법이 될 수 있다. 결론을 읽었을 때 이해가 잘 된다면 분석 자료를 투자 판단의 근거로써 활용할 수 있을 것이다. 통상 분석 자료의 결론 부분에는 투자 의견, 목표 주가, 목표 주가 산출 근거, 투자 포인트 등이 정리되어 있다. 즉, 자료를 작성한 배경과 그에 대한 분석 결과를 파악하게 되면 투자 판단을 내리기 위해 분석 자료를 활용하겠다는 목표에는 어느 정도 도달했다고 할 수 있다.

시간을 내서 세부적인 내용도 살펴보자

넷째, 당장은 아니더라도 나중에 시간을 내서 분석 자료의 세부적인 내용을 살펴볼 필요는 있다. 분석자료의 전체 내용과 작성 의도를 파악하고 결론을 읽는 것만으로도 투자 판단을 내리는데 어려움은 없을 것이다. 하지만 중장기적으로는 자신의 판단의 기준을 만들어 나가는데 도움이 될 수 있기 때문에 분석 자료의 세부적인 내용을 살펴볼 필요가 있으며 자료 작성의 배경에서 결론에 이르기까지의 과정을 세부적으로 파악하는 것은 자신의 실력을 높이는 방법이 될 수 있으며 일종의 주식 투자를 중장기적으로 하기 위해 공부하는 과정이라고도 할 수 있다. 여기서 한 가지 알고 있어야 하는 것은 모든 자료를 세부적인 내용까지 읽어 볼 필요는 없다는 것이다. 분석 자료 분량이 길지 않은 자료가 더 많고 세부적인 내용까지 읽어볼 만한 자료가 그렇게 많지 않기 때문이다. 해당되는 분석 자료가 많지 않다면 세부적인 내용을 살펴본다는 것이 그렇게 부담스러운 일은 아닐 것이다.

다양한 견해에 관심을 가져보자

다섯째, 한 가지 견해보다는 다양한 견해에 관심을 가져야 한다. 주식 시장에는 똑같은 현상에 대해서도 다른 견해가 존재한다. 자신의 견해와 다른 견해에 대해서도 관심을 가지는 것이 리스크 관리를 위해서도 필요하다. A기업이 투자 대상으로 좋다는 견해가 있다면 그에 따른 명확한 근거가 있을 것이다. 반면 시장에는 A기업이 투자하기에 좋지 않다는 견해도 있을 수 있고 이에 대한 나름의 근거도 있을 것이다. 이때 자신이 A기업에 투자하는 것이 적합하다는 견해를 받아들여 투자를 실행했다고 하더라도 A기업에 투자가 적합하지 않다는 상반된 견해에도 관심을 가져야 할 것이다. 투자에 적합하다는 견해를 뒷받침하는 근거는 자신의 투자 포인트가 될 것이고 투자에 적합하지 않다는 견해를 뒷받침하는 근거는 리스크 요인으로써 꾸준히 추적하고 점검해야 하는 리스크 관리 포인트가 될 것이기 때문이다.

투자 포인트로 정리하자

여섯째, 이상의 사항들을 종합해서 투자 포인트로 정리해 봐야 한다. 이때 투자 포인트에는 리스크 요인도 포함해서 정리해야 한다. 리스크 요인은 투자 결정을 내릴 때에는 발생 가능성이 낮다고 판단했던 요인이겠지만 향후 발생 가능성이 높아질 수도 있기 때문이다. 리스크 발생 가능성이 높아진다고 판단하게 되면 투자 대상의 보유 비중을 줄이거나 매각하는 등 리스크를 줄이는 작업을 해야 할 것이다.

Ⅲ

언론 기사를 이용하는 방법

언론 기사, 여러 근거 중 하나로 활용해야

언론 기사를 이용해서 경제 상황이나 주식 시장의 주요 이슈에 대해 파악해 볼 수 있다. 이 방법을 활용하는 데 있어서 중요한 점은 언론 기사에만 의존하는 것은 피해야 한다는 것이다. 언론 기사를 전적으로 신뢰하기 보다는 투자 판단을 하기 위한 여러 근거 중 하나로 활용해야 한다는 것이다. 요즘 언론 기사들은 발생하는 이슈를 다룰 때 객관적이기보다 언론사나 작성자의 주관적인 성향이 반영되는 경우가 많기 때문이다. 또한 경제와 관련된 기사가 정치화되면서 내용이 왜곡되는 경우도 나타나고 있다. 이러한 최근 환경을 고려할 때 언론 기사를 볼 때에는 특정 이슈에 대한 다양한 생각들을 비교 검토한 후 자신의 판단 기준으로 최대한 객관적으로 판단하려는 노력이 필요할 것이다.

언론 기사는 두 가지 정도로 구분해 볼 수 있다

언론 기사의 종류는 다양하겠지만 여기서는 주식 투자 관점에서만 설명해 보겠다. 언론 기사에는 사실Fact을 전달하는 기사와 경제적 현상에 대한 견해나 주장opinion이 담겨 있는 기사로 구분해 볼 수 있다. 사실을 전달하는 기사는 주로 보도 자료를 중심으로 정보 전달에 초점을 맞추고 있거나 주요 경제 지표나 가격 지표 등의 변화와 관련된 정보를 전달한다. 경제 현상에 대한 견해나 주장과 관련된 기사는 언론사의 논조를 전달하는 내용으로써 사설이나 해설 기사 등을 말하거나 언론사 외부 작성자의 견해나 주장을 전달하는 내용을 포함하고 있는 외부 기고를 말한다.

사실을 전달하는 언론 기사

사실 전달 기사는 사실 전달과 이에 대한 코멘트 부분으로 구성

사실을 전달하는 기사는 보도 자료에 근거한 기사가 대부분이다. 정부 기관이나 경제 관련 공적 기관들은 주요 사항을 보도 자료라는 형태로 언론에 배포한다. 민간 금융 회사들과 일반 기업들도 자신의 회사와 관련한 주요한 내용을 보도 자료를 통해 언론에 알리는 경우가 있다.

보도 자료에는 주요 내용에 대한 설명과 데이터들이 포함된다. 발표된 내용에 대해 언론사들은 나름대로의 해석과 평가 등을 덧붙여 기사를 작성하게 된다. 특히 주요 경제 지표 발표는 사전에 일정이 정해지는데 시장에 미치는 영향이 큰 만큼 실제 발표일 이전과 이후에 관련 기사가 다양하게 작성된다. 경제 지표 발표 이전에는 어떤 내용이 발표될 것이라는 예상과 관련된 기사들이, 발표 이후에는 발표 내용에 대한 해석과 평가와 관련된 기사들이 쏟아져 나온다.

사실을 전달하는 언론 기사의 가장 큰 특징은 따옴표가 많다는 것이다. 사실을 전달하는 기사의 성격상 기사를 작성하는 기자의 관점보다는 사실을 발표하는 기관이나 기업들의 이야기, 혹은 관련된 전문가들의 코멘트 등이 주로 담기기 때문이다.

인용된 코멘트 내용에는 균형적인 시각이 포함될 수도 있고 그렇지 않을 수도 있다. 코멘트를 하는 전문가들의 성향이나 입장에 따라 어느 한쪽으로 편향될 수도 있고 전문가들의 코멘트를 기사 작성자(기자)가 작성자의 의도에 따라 취사선택할 수도 있을 것이기 때문이다. 똑같은 내용의 보도 자료를 가지고도 언론사마다 해석이 달라질 수도 있다. 즉, 사실을 전달하는 기사도 다루는 주제에 따라 다양한 시각이나 해석이 포함될 수 있다는 것이다.

사실 전달 부분에 초점, 코멘트는 여러 의견 중 하나로 이해

따라서 사실을 전달하는 언론 기사는 사실을 전달하는 부분과 이에 대한 코멘트가 인용되는 부분으로 구분할 수 있다. 코멘트 부분보다는 사실을 전달하는 부분에 초점을 맞추고 보는 것이 좋을 것이다. 언론 기사에 포함되어 있는 숫자 등을 통해서 비교 시점에 비해 어느 정도 개선되었거나 악화되었는지 그 배경에는 무엇이 있는지 등을 파악하도록 해야 한다. 언론 기사 내용에 포함되는 전문가의 코멘트는 여러 의견 중 하나로써 참고할 필요가 있다. 그 전문가의 견해를 뒷받침하고 있는 논리적인 배경을 파악하려는 태도를 갖는 것이 좋다.

예를 들어 설명해 보겠다. A라는 국가의 GDP 성장률이 전년도의 7%보다 상승한 8%로 발표되었다고 하자. 이에 대한 언론 기사들의 내용 중 코멘트 부분을 종합해 보면 두 가지 정도로 정리할 수 있다고 하자.

먼저 첫째로는 GDP 성장률이 전년보다 1% 포인트 개선되어 양호한 성장을 하였기 때문에 성장 둔화 우려가 완화되었다는 주장으로 정리된다. 둘째로는 과거 5개년 성장률 평균인 10%에 미치지 못해서 성장세 하락이 우려된다는 주장으로 정리된다고 하자. 이렇게 똑같은 사실에 대해 서로 다른 내용의 주장이나 생각이 포함되어 있다면 주식 투자자는 어떻게 대응해야 할 것인가?

주식 투자자 입장에서는 사실을 중심으로 파악하려고 하는 것이 합리적인 태도일 것이다. 여기서 두 가지의 사실을 확인할 수 있다. 먼저 첫째, GDP 성장률이 전년보다 1%포인트 개선되었다는 것이다. 이러한 사실을 바탕으로 GDP 성장률을 전망한다면 향후 전망치가 나빠지기 보다는 좋아질 수 있다. 둘째, 과거 5개년 평균보다 낮아졌다는 것도 사실이다. 과거 5개년 평균을 언급했다는 것은 이동 평균을 보겠다는 것이다. 이동 평균은 추세치를 의미하는 것이니까 GDP 성장률의 장기 추세치가 하향하는 것에 대한 우려를 제기할 수 있다.

이때 A라는 국가의 장기 추세치 하락을 우려하는 것은 객관적인 분석이 아닐 수 있다. 만약 전세계적으로 GDP 성장률의 장기 추세가 하락하고 있다면 A라는 국가만의 문제는 아닐 수 있기 때문이다. A국가의 장기 추세가 다른 국가에 비해 더 빠르게 하락하고 있다면 A라는 한 국가의 문제라고 할 수 있지만 다른 국가들보다 하락세가 빠르지 않다면 A국가가 다른 국가보다 상대적으로 나은 상황이라고 볼 수도 있는 것이다. 상대 비교를 하는 것이 객관적이고 합리적인 추론이라고 할 수 있다.

한 가지 더 생각해 봐야 하는 것은 '전년도 대비 GDP 성장률 개선의 원인이 무엇인가?'일 것이다. 일시적인 요인에 의해 성장률이 개선된 것이라면 마냥 긍정적으로 보기 어려울 것이다. 일시적인 요인에 의한 개선이 아니라면 긍정적인 것으로 보면 된다. 일시적인 것이 아니라면 여러 전문가의 코멘트 중 긍정적인 주장을 받아들이고 다소 부정적인 주장은 향후 리스크 요인으로 이해하면 될 것이다.

언론 기사에 대해 생각해 보아야 할 것들

A라는 국가의 GDP 성장률 8% 기록(전년도 7%)이라는 보도 자료 발표

(긍정적인 내용) GDP 성장률 전년도 대비 1% 포인트 개선	(부정적인 내용) GDP 성장률 5개년 평균보다 낮아짐
(체크 포인트) 어떤 요인에 의한 개선인가? 지속 가능성이 있는 것인가? • 일시적 정부지출 증가에 의한 것이라면 지속 가능성이 떨어질 수도 있음 • 기업 투자나 민간 소비 증가에 의한 것이면 지속 가능성이 있을 수 있음 • 고용 여건 개선(소득 증가, 실업률 하락 등)에 의한 것이면 지속 가능성 있을 수 있음 …	(체크 포인트) Global 추세도 하락하고 있는가? A라는 국가만의 문제인가? • Global하게 GDP 성장률이 추세적으로 하락하고 있다면 큰 악재는 아닐 수 있음 • A국가 GDP의 하락 추세가 상대적으로 느리게 진행되고 있다면 오히려 양호한 상황 • 경쟁국들과 비교해서 차별점을 살펴보아야 할 필요 …

견해나 주장을 포함하는 언론 기사

견해나 주장을 포함하는 기사는 언론사의 논조나 작성자의 개인적인 견해가 반영되는 경우가 많다. 언론사의 외부 기고의 경우 '본 기사는 언론 기사가 게재된 언론사의 견해를 반영하지 않고 있다'는 취지의 안내문이 주석에 달리는 경우가 있다. 하지만 편집 데스크의 의도가 완전히 배제되었다고 하기는 어렵다고 판단된다. 따라서 견해나 주장을 포함하는 언론 기사는 객관적이라기보다는 언론사나 작성자의 주관적인 견해가 어느 정도 반영되었다고 보는 것이 합리적인 추론이라고 할 수 있을 것이다. 언론 기사에 들어있는 견해나 주장을 특정한 사실로 받아들일 필요는 없는 것이다.

비판적으로 받아들일 필요

이러한 언론 기사를 받아들일 때는 자신의 생각과 비교해 보는 계기로 활용하는 것이 좋다. 언론 기사 작성자가 어떠한 논리나 생각을 가지고 기사를 작성했는지를 생각해 보고 이에 대한 투자자 자신의 생각은 어떠한지를 비교해 보는 것이다. 비판적인 시각으로 언론 기사를 읽어 보는 것이라고 할 수 있다.

만약 언론 기사 작성자의 생각이 자신의 생각과 동일하다면 그 기사의 논거를 자신의 생각을 뒷받침하는 데 활용할 수 있을 것이고 만약 동의하지 않는다면 그에 대한 비판의 근거로 활용할 수 있을 것이다. 언론 기사의 내용을 취사선택하여 하나의 정보로써 활용하기 위해서는 투자자 자신의 판단 기준이 중요한 것이다.

예를 들어 외부 기고문 내용이 주식 시장이 변동성이 커질 수 있기 때문에 구조적인 성장이 예상되는 테마에 투자할 필요가 있다고 주장하고 있다고 하자. 이 기고문을 접하게 되었을 때는 두 가지 근거에 대해 생각해 보아야 한다. 주식 시장에서 주가 변동성이 커질 수 있다고 주장하는 근거와 구조적인 성장 테마가 주식 시장 변동성을 방어할 수 있다는 근거를 자신의 생각과 비교해 볼 필요가 있다.

주식 시장에서 변동성이 커질 수 있다고 주장하는 배경이 자신이 생각을 바꿔야 할 정도의 논리적인 설득력이 없다면 기고문에서 주장하는 논리가 비약적이라고 볼 수 있을 것이다. 또한 변동성이 커지기 때문에 구조적 성장 테마에 투자해야 한다는 논리도 약해질 수 있을 것이다. 결국 이 기고문의 논리를 수용하기 어려울 것이다.

하지만 여기서 그칠 필요는 없다. 구조적 성장 테마에 대해 투자해야 하는 이유가 주가 변동성을 줄이기 위한 것만은 아닐 수 있다는 것으로 생각을 확장해 볼 수 있다. 구조적인 성장이 예상되는 테마에 투자하는 것은 장기 투자자로서 당연시되는 투자 전략이라고 할 수 있기 때문이다.

결국 이 기고문을 통해서 주가 변동성이 커질 수 있는 상황이니까 단기적으로 주가가 등락할 때 장기 성장할 수 있는 주식에 투자할 기회를 이용하자는 논리로 이해하는 것이 합리적일 것이다. 또한 장기 투자자라면 장기 성장 테마에 대한 투자를 기회가 있을 때마다 해야 한다는 생각을 해 볼 수도 있을 것이다.

기고문의의 내용:
① 주식 시장 변동성이 커질 수 있음
② 대안으로 구조적 성장이 가능한 테마에 투자해야 함

생각해 볼 것 ①
주식 시장 변동성이 커진다?

① 근거의 논리성이 있는가?

있다(A)   없다(B)

생각해 볼 것 ②
구조적 성장이 가능한 테마에 투자해야 하는가?

② 근거의 논리성이 있는가?

있다(C)   없다(D)

결론 ①: A+B
주식 시장 변동성이 커질 수 있는 것으로 판단되어
그 대안으로 구조적 성장이 가능한 테마에 투자해야 함

결론 ②: B+C
주식 시장 변동성이 커질 수 있는지는 모르겠으나
장기적인 관점에서 구조적 성장이 가능한 테마에 투자해야 함

결론 ③: A+D
주식 시장 변동성이 커질 수 있는 것으로 판단되지만
구조적 성장이 가능한 테마에 투자하는 것은 대안이 아님

결론 ④: B+D
주식 시장 변동성이 커질 수 있는지 모르겠고
구조적 성장이 가능한 테마에 투자할 이유도 없음

견해나 주장을 포함하는 언론 기사, 자신의 생각을 정리하는 데 활용

이상을 종합해 보면 견해나 주장을 포함하는 언론 기사는 자신의 생각을 정리해 보는 데 활용할 수 있다는 것이다. 자신의 생각을 정리하고 이를 글로써 기록하는 것은 번거롭기도 하고 많은 시간과 노력이 필요할 수도 있다. 하지만 다른 사람이 쓴 글을 보고 자신의 생각과 비교해 보는 것은 자신의 생각을 정리하는 데 필요한 시간과 노력을 줄일 수 있다. 아무것도 적혀있지 않은 새하얀 종이에 글을 채워 넣는 것보다 잘 정리된 내용의 글을 보면서 자신의 생각을 정리하는 것이 시간과 노력을 효율적으로 사용할 수 있는 방법일 것이다. 이러한 관점에서 기고문 형태의 언론 기사

를 활용해 보면 좋을 것이다.

언론 기사를 쉽게 활용하는 6가지 방법

언론 기사를 두 가지 정도로 구분해 보고 이에 대한 간단한 설명
을 해 보았다. 이제는 언론 기사를 어떻게 주식 투자에 활용할 것
인가에 대해 이야기해 보겠다.

지식을 얻는 기회로 활용

언론 기사 내용 중에는 용어 설명이 포함되는 경우도 있고 제기
되는 이슈에 대한 기획 기사가 연재되기도 한다. 통상 언론 기사
들은 현 시점에서 가장 관심이 큰 내용에 초점을 맞추게 된다. 따
라서 언론 기사들을 통해 최근 가장 이슈가 되고 있는 주제들을
파악할 수 있다. 또한 최근 이슈와 관련된 용어들, 전체적인 흐름
등에 대해서도 배울 수 있을 것이고 이를 꾸준하게 반복하면 경
제 및 금융 관련 상식, 지식 등을 상당한 수준까지 넓혀갈 수 있을
것이다. 이렇게 습득하게 된 지식은 향후 주식 투자를 하는데 활
용할 수 있을 것이다.

최대한 객관적으로 보려고 해야 함

요즘은 경제 관련 언론 기사가 정치 성향 등에 좌우된다는 우려가

제기되고 있다. 경제 현상을 해석하는 데에는 다양한 이론과 주장이 근거로 사용될 수 있다. 케인지안 관점, 통화주의 관점, 신자유주의 관점 등 다양한 이론과 주장이 있다. 하지만 경제를 정치적 관점에서 접근하게 되면 그 내용의 본질이 왜곡될 수도 있다. 객관적인 관점에서 기사를 읽어야 할 필요가 커지고 있는 것이다.

이를 위해서는 먼저 언론 기사를 요약 정리해서 단순화해 보는 것이 중요하다. 단순화해 보는 과정을 통해 언론 기사의 내용과 의도를 좀 더 분명하게 파악할 수 있게 된다. 언론 기사의 맥락을 추려서 단순화해 보면 그 언론 기사의 논점, 논리 등 보다 본질적인 것들을 볼 수 있게 된다. 본질적인 것을 보면 주식 투자에 활용할만한 가치가 있는 언론 기사인지를 파악하기 쉬워질 것이다.

또한 같은 주제의 언론 기사라도 다양한 언론사나 기고자의 주장을 읽어 보는 것이 객관적인 판단에 도움이 될 것이다. 어느 한 주제에 대해서 다양한 의견을 정리해 보면 어느 한쪽으로 치우치는 것을 방지해 줄 것이다. 경제에 대한 분석은 사회과학의 한 부분이다. 사회과학에는 다양한 관점이 존재하고 이에 대한 다양한 해결 방안들이 제시될 수 있다.

주식 투자자의 입장이라면 경제나 금융과 관련된 다양한 시각에 대해 옳고 그름을 평가하는 것보다는 시행되는 정책이나 경제 지표 등과 주식 투자를 연계해서 생각해 보는 것이 더 중요할 것이다. 자기 가치관에 어긋나는 정책이라도 시행될 수 있는 것이고 그러한 정책이 주식 시장에 어떠한 영향을 미칠 것인지를 판단해 보는 것이 주식 투자에 있어서 중요한 것이기 때문이다.

논리 전개에 문제가 없는지 생각해 보자

언론 기사를 작성한 사람이 어떠한 논리를 전개하고 있는지를 따라가 보는 것도 중요하다. 이때의 언론 기사는 견해나 주장을 포함하는 사설, 기고문 등의 언론 기사에 해당하는 것이다. 언론 기사의 논리 전개를 따라가 보고 그 논리에 비약이 있는지 합리적인 것인지를 생각해 보는 과정을 통해 언론 기사의 활용 필요성을 판단하는 능력을 향상시킬 수 있다.

다만 초보 주식 투자자의 경우 합리적인 논리 전개인지를 파악하는 것이 어려울 수 있다. 그러나 의외로 간단한 방법이 있다. 상식적인 선에서 생각해 보는 것이다. 경험상 상식적인 것에서 벗어나면 합리적이지 않은 경우가 많다. 초보 주식 투자자는 일단 상식적인 선에서 언론 기사를 판단해 보고 이러한 경험이 쌓이는 과정에서 보다 높은 수준의 판단 기준이 만들어지게 될 것이다. 결국 언론 기사는 비판적으로 읽어야 하고 이러한 과정이 축적되면서 주식 투자를 실행하는데 필요한 자신의 판단 기준을 세우는데 많은 도움이 될 것이다.

투자 아이디어와 연관해서 보려고 해야 함

주식 투자를 시작했다면 주변의 일상을 투자 아이디어와 연관시켜 볼 필요가 있다. 언론 기사 내용에는 주변의 일상, 사회적으로 관심이 높아지고 있는 것들, 의미가 있는 사건이나 현상 등이 포함되고 자주 등장하게 될 것이다. 이러한 수많은 재료들을 주식 투자 아이디어로 연결할 수 있을 것이다. 처음에는 의미 있는 아이디어가 아닐 수 있겠지만 시간이 갈수록 의미 있는 아이디어로 변화할 수 있을 것이고 특히 새로운 지식을 쌓아가는 노력이 결부된다면 언론 기사를 활용하는 능력은 빠르게 향상될 것이다.

꾸준하게 반복해야 함

초보 주식 투자자는 언론 기사를 통해 정보를 얻는 방법을 단시일 내에 완벽하게 습득하기 어려울 것이다. 따라서 꾸준하게 반복할 필요가 있다. 하지만 언론 기사 활용법을 어느 정도 습득한다고 하더라도 상당한 경지에 도달했다고 자신하기도 어렵다. 필자도 항상 부족하다는 생각을 가지고 있다. 너무나도 다양한 매체를 통해 많은 견해나 주장들이 빠르게 전달되고 있는 것도 언론 기사를 활용한 정보 수집을 어렵게 하는 요인이라고 할 수 있다. 너무 많은 정보가 오히려 자신만의 생각을 정리하는 것을 방해할 수도 있기 때문이다.

이를 극복하기 위해서는 언론 기사를 틈틈이 들여다보고 논리적이고 객관적이라고 판단되는 전문가들의 견해들을 꾸준히 추적해서 읽어 볼 필요가 있다. 이때 언론 기사를 읽어 가는 과정에서 참고해야 할 대상자나 전문가들을 선별해서 특정해 놓을 필요가 있다. 언론 기사를 작성하는 전문가가 너무 많기 때문에 범위를 좁혀놓을 필요가 있는 것이다.

전문가를 선별할 때에도 자신만의 판단 기준이 있어야 할 것이다. 여기서 자신만의 판단 기준은 그 전문가의 견해의 옳고 그름이 아니라 객관성과 논리성이라고 할 수 있다. 언론 기사를 작성한 전문가나 기자가 객관성과 논리성을 가지고 있는가가 중요하다는 것이다. 객관적이지 않고 논리적이지 않다면 언론 기사를 통해 자신의 생각을 정리하기 어려울 것이기 때문이다.

또 한 가지 알아야 하는 것은 자신의 판단 기준도 시간이 가면서 조금씩 변화하고 발전할 것이라는 점이다. 자신의 능력이나 생각이 바뀔 수 있기 때문에 이에 걸맞게 참고해야 할 언론 기사 작성자들에도 계속해서 변화를 주어야 할 것이다. 이때에도 객관성과 논리성을 잊지 않아야 할 것이다.

국내뿐 아니라 해외 언론의 기사로도 폭을 넓혀야 함

해외주식 투자를 위해서는 해외 언론의 시각도 알아볼 필요가 있다. 다만 사실 전달을 위주로 하는 언론 기사보다는 의견이나 견해를 제시하는 내용의 언론 기사에 무게를 둘 필요가 있다. 국내 언론에서도 해외 언론에서 전달하는 사실을 찾아볼 수 있기 때문이다.

흔히 대표적인 해외 경제 관련 언론사를 꼽아 보라고 하면 월스트리트 저널Wall street journal, WSJ이나 파이낸셜 타임즈Financial Times, FT 등을 이야기할 것이다. 이 같은 언론에 실린 기사들을 보면 사실을 전달하는 내용은 국내 언론과 크게 다르지 않다. 오히려 국내외 포털 사이트에서 찾아보기가 쉬울 것이다. 해외 언론사에서 관심 있게 보아야 하는 언론 기사는 경제를 보는 관점, 특정 산업을 보는 관점 등에 관련된 것이다. 이들 언론 기사는 상당히 객관적이고 논리적인 내용이 많기 때문이다. 이러한 언론 기사들을 자주 찾아서 읽어 보면 투자 판단을 내리는 데 도움이 될 수 있고 영어 독해 능력 향상은 부수적으로 따라오는 덤이 될 것이다.

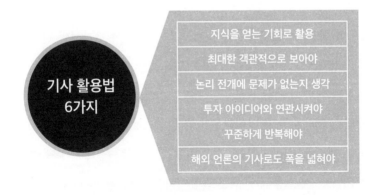

언론 기사를 쉽게 활용하는 6가지 방법

Ⅳ

주변 일상이나
SNS 등을 이용하는 방법

주식 투자에 대한 생각을 일상화하는 과정

주변 일상이나 SNS 등을 이용하는 방법을 이해하는 데에는 실제 사례를 통해서 설명하는 것이 더 좋은 방법이라고 할 수 있다. 이 방법은 자신이 가장 잘 아는 것, 쉽게 접할 수 있는 것, 자신의 생활과 밀접하게 관련되어 있는 것 등에서 투자와 관련된 정보나 아이디어를 찾아보는 것이다. 애널리스트 분석 보고서나 언론 기사를 통해서 투자 정보를 얻는 방법과 달리 대부분 잘 정리된 구체적인 형태의 자료가 없다. 주식 투자에 대한 관심에 약간의 상상력을 더해보는 방법이라고도 말할 수 있다. 또한 주식 투자에 대한 생각을 일상화하는 과정이라고도 말할 수 있다. 다음에는 몇 가지 사례를 통해서 주변 일상이나 SNS 등을 이용하는 방법에 대해 이야기해 보겠다.

다음에 제시되는 사례는 실제 발생한 사례를 기초로 필자의 생각 등을 가미해 이해하기 쉽게 정리한 것이다. 여기에 제시된 사례들에 대해 읽는 분들마다 다양한 다른 견해가 있을 수 있다. 그동안의 경험으로 볼 때 남과 다른 생각을 해 보는 것이 주식 투자에 있어서 중요한 덕목 중 하나라고 생각한다. 다음의 사례가 다른 생각을 해 볼 수 있는 계기가 되었으면 한다.

먼저 코로나19가 확산되면서 배달 음식 주문이 빠르게 늘었다

아주 간단하게 생각해 보면 배달 음식 주문이 늘었기 때문에 배달 음식을 전문적으로 만들어 파는 음식업체나 음식 주문, 결제, 배달 등과 관련된 기업의 매출이 늘어날 것이라고 예상해 볼 수 있다. 이러한 접근을 통해 배달 플랫폼 기업, 간편 결제 관련 기업 등에 대한 투자를 생각해 볼 수 있다. '배달음식 주문 증가 → 배달 플랫폼 기업, 간편 결제 관련 기업 등의 매출 증가 → 투자 대상으로 선정 검토'라는 생각으로 연결될 수 있을 것이다. 주변의 변화를 투자 아이디어로 연결해 보는 방법이라고 할 수 있다.

배달과 음식점을 동시에 생각해 보면 배달 음식이 활성화되면서 과거 맛집의 위상이 더 강화될 수도 있다는 생각을 해 볼 수 있다

과거에는 맛집을 방문하는 경우 음식점의 좌석수가 한정되어 있었기 때문에 상당한 시간을 대기해야 하는 수고로움을 감수해야 하였다. 아니면 주변의 유사한 컨셉의 음식점으로 대체하여 이용할 수밖에 없는 경우도 있었다. 소위 맛집이라는 음식점의 공간적인 제약으로 인해 시간적 희생이나 효용의 저하를 감수해야 했다고 할 수 있다.

그러나 음식 배달이 활성화되면서 맛집의 공간적 제약이 거의 해소될 수 있게 되었다. 맛집을 유사한 컨셉의 주변 음식점으로 대체해야 하는 빈도도 줄어들 수 있을 것이다. 이로 인해 맛집에 의한 주변으로의 상권이 확산spill over되는 현상이 약해질 것이다. 맛집이 등장할 경우 주변 상권에도 긍정적인 영향을 주는 경우가 있는데 이를 기대하기가 어려워질 수도 있다는 것이다. 투자자의 입장에서는 맛집에 대한 직접적인 투자를 생각해 볼 수 있고 맛집에서 만드는 음식의 밀키트meal kit화 등을 통해 새로운 사업의 기회를 만들어 볼 수도 있을 것이다.

현상: 코로나19로 음식 배달주문 증가

↓

배달 플랫폼 기업의 성장

↓

공간적 제약 해소로 맛집의 위상 강화

↓

맛집 음식의 밀키트 사업 기회

배달 음식의 성장을 단순하게는 해당 음식점의 성장으로 생각할 수 있지만 맛집 음식의 밀키트화, 이를 판매할 네트워크를 소유하고 있는 기업 등으로 생각을 넓혀갈 수 있다. 이 책에서 특정 종목을 언급하기는 어렵지만 다양한 관련 기업들을 투자 대상으로 연상해 볼 수 있을 것이다.

서점에 자주 방문하는 주식 투자자가 있다고 하자

최근 베스트셀러에 등극한 책들을 둘러봤는데 플랫폼 기업과 관련된 것들이 많다는 것을 발견하였다면 다음과 같은 생각을 할 수 있을 것이다. 플랫폼 기업에 대한 사회적 관심이 높아지고 있거나 관련 기업에 대한 논의가 전개되고 있어 향후 플랫폼 기업 형태의 사업이 늘어날 수 있다고 볼 수 있을 것이다. 창업을 생각하는 입장이라면 자신도 플랫폼 기업을 창업해 보아야겠다는 생각을 할 수도 있을 것이다.

주식 투자자 입장이라면 일차적으로 플랫폼 기업이나 플랫폼 기업으로 진화할 수 있는 기업에 대한 투자를 생각해 볼 수 있다. 좀 더 생각을 확장한다면 플랫폼 기업들이 늘어나고 해당 산업이 발전하기 위해서 필요한 것이 무엇인가를 생각해 볼 수도 있을 것이다. 플랫폼 기업이 발전하기 위해서는 제도나 정책적인 변화가 필요할 것이고 이러한 구조적인 변화가 해당 산업의 변화를 촉발하는 시작점이 될 수 있을 것이다. 그렇다면 이러한 제도나 정책적인 변화가 빠르게 나타날 수 있는 국가나 지역을 투자 대상으로 생각해 볼 수 있을 것이다. 플랫폼 기업에서 시작해서 제도나 정책적인 변화에 의한 구조적인 변화로 인해 규제 차익을 거둘 수 있는 지역으로까지 생각을 확장할 수 있는 것이다. 이렇듯 생각을 확장해 보면 투자 대상도 다양해지고 그 영역도 넓어질 수 있다.

선진국들에서는 플랫폼 기업이 먼저 태동하였고
어느 정도 시간이 경과하면서 플랫폼 기업이 상당히 발전하였다

플랫폼 기업의 주식에 투자를 고려하는 경우 선진국의 플랫폼 기업들은 이미 기업 가치가 주가에 충분히 반영되었다고 생각할 수도 있다. 이에 반해 이머징 국가들에서 플랫폼 기업들은 아직 성숙하지 못한 경우가 많을 것이다. 이에 플랫폼 기업에 대한 투자

에 있어서 이머징 지역이 더 유망한 투자 대상 지역이라고 생각
해 볼 수 있을 것이다.

선진국에서 플랫폼 기업은
상당히 빠르게 성장하였고 시장 지배력도 강화되었다

이로 인해 최근에는 플랫폼 기업의 사업 장악력이 높아진 국가의
경우 정책 당국의 규제가 강화되는 움직임을 보이고 있다. 글로
벌하게 보면 플랫폼 기업의 경우 지역별로 기회 요인과 위기 요
인이 동시에 존재하는 것이다. 이러한 관점에서 플랫폼 기업의
성장성을 주목한다면 이제는 선진국보다는 이머징 지역이 더 나
을 수 있다고 생각해 볼 수 있다. 다른 한편으로는 선진국의 경우
규제 강화 움직임 가운데에서도 의연하게 지배력을 유지하는 기
업, 즉 1등 플랫폼 기업을 투자 대상으로 선택하겠다는 생각을 해
볼 수 있을 것이다.

플랫폼 기업이 발전하기 위해서는 빅데이터를
수집하고 가공하는 것이 중요하다는 생각을 할 수 있다

먼저 빅데이터를 수집하고 저장하는 데이터 센터라는 인프라 확
보가 선행될 필요가 있다. 여기에 데이터 센터 관리 인력과 수집
된 빅데이터를 분석할 인력, 이를 관리할 소프트웨어도 필요할
것이다.

이러한 변화를 주식 투자자 관점에서 생각해 보면 데이터 센터에 대한 직간접 투자, 빅데이터를 위한 클라우드 컴퓨팅 관련 인프라 및 서비스, 반도체, 소프트웨어 등을 투자 대상으로 생각해 볼 수 있다. 데이터 센터에 직접 투자하는 경우도 있지만 이와 관련된 리츠(REITs)가 상장된 경우도 있고 관련 ETF도 간접적으로 투자할 수 있는 대상이 될 수 있다. 클라우드 컴퓨팅 관련 기업, 또는 하드웨어 관련 기업 및 소프트웨어 관련 기업 등 상장되어 있는 여러 기업이나 데이터를 저장하기 위한 반도체를 제조하는 기업도 빅데이터 관련 투자 대상 기업이 될 수 있다.

서점의 베스트셀러에 플랫폼 기업과 관련된 책이 많다는 것을 발견한 주식 투자자의 예에서는 플랫폼 기업에 대해 생각을 확장해 가는 과정을 중심으로 설명해 보았다. 이와 같은 사례에서 투자 대상 영역과 투자 대상 기업의 범위는 상당히 다양해질 수 있음을 볼 수 있을 것이다. 서점을 방문하면서 플랫폼 기업에 대한 관심이 늘었음을 알게 되었고 이를 통해 투자 대상 지역이나 기업에 대한 정보로까지 생각을 확장해 볼 수 있는 것이다.

SNS를 이용하는 방법도 생각해 볼 수 있다

요즘 대부분의 사람들의 SNS 이용이 일상화되어 있다. SNS를 이용할 때 조금만 관심을 가지고 살펴보면 SNS 상에서 관심이 높아지는 업종이나 사안들을 파악해 볼 수 있다. 특히 SNS는 자신이 주로 들여다보고 있는 주제를 중심으로 노출시켜주는 특징이 있다. 이를 통해 자신이 잘 알고 관심을 가지고 있는 영역을 중심으로 최근 소비자들의 소비 트렌드 변화, 이러한 트렌드에 적응을 잘 하고 있는 기업들을 찾아볼 수 있을 것이다. 만약 최근 SNS 상에서 인기를 끌고 있는 콘텐츠로 골프가 부상하고 있다면 이와 관련된 업종이나 기업에 대해 관심을 가져볼 필요가 있는 것이다.

소비자들의 관심이 변화하고 있음을 느끼게 되었다면 이와 관련한 인프라에 대해서도 생각해 볼 수 있다. 소비 패턴의 변화로 인해 물류 창고, 물류 시스템 등 관련 인프라에 대한 투자를 생각해 볼 수 있고 음식 배달의 증가나 온라인 쇼핑의 증가는 물류 창고 증가, 물류 시스템의 발전 등을 유도할 수도 있는 것이다.

SNS를 이용해서 정보를 수집하는 방법은 애널리스트 분석 보고서를 활용하는 방법, 언론 기사를 활용하는 방법과 별개로 적용하는 방법은 아니다. 다른 방법과 적극적으로 연계해서 생각해 볼 필요가 있다. 이 세 가지 방법이 결합될 때 최근의 관심이 높아지는 부문을 찾아내고 이에 대한 객관적인 분석을 해 볼 수 있으며 이러한 현상에 대한 전문가들의 생각들을 참고해서 자신의 투자 의사 결정이나 투자 대상 선정에 활용할 수 있는 것이다.

최근 한국에서 누리호 2차 시험 발사에 이어

3차 실용 발사까지 성공하며 우주 항공 산업에 대한

관심을 불러 일으키는 데 큰 기여를 하였다

전 세계적으로도 모험적인 자본 등이 우주 항공 산업에 투자하고 있고 우주 여행이 현실화되고 있다. 하지만 너무 비싼 이용 요금을 지불할 수밖에 없기 때문에 대중화되려면 아직은 많은 세월을 기다려야 할지도 모르겠다.

주식 투자자라고 한다면 먼 훗날의 우주 여행의 대중화를 생각할 수도 있지만 앞으로 실제 생활에서 이를 어떻게 활용할 수 있는가를 생각해 보는 것도 좋은 접근이 될 것이다. 대기권 내에서 공중 급유를 하지 않고 세계를 한바퀴 돌기는 어렵다. 그런데 대기권 밖으로 나가서 지구를 한바퀴 도는 데에 걸리는 시간은 90분 정도라고 한다. 대기권 내와 밖의 격차를 극복할 수 있는 기술이 상용화될 수 있다면 우리의 삶에 어떠한 변화가 나타날 수 있을 것인가를 생각해 볼 수 있다.

'물류산업에 이용한다면 대륙간 당일 배송도 가능하지 않을까?', '항공 운송에 이용한다면 당일치기 미국 출장도 가능하지 않을까?' 하는 생각을 해 볼 수 있을 것이다. 한국에서 출발하는 중남미 여행도 그렇게 부담스럽지 않을 수도 있을 것이다.

당장 현실화되기 어려운 상상에 가까운 것이지만 경제적인 실익이 있다면 언젠가는 현실로 다가올 수도 있을 것이다. 최근 한국도 누리호를 발사하면서 이러한 상상이 현실로 다가오고 있다. 아마존은 위성을 이용한 인터넷망을 상용화하려는 움직임까지 나오고 있다. 이러한 움직임이 현실화될 경우에는 상당한 정도의 기업 가치 상승이 가능할 것이다. 이는 이미 스페이스X의 스타링크로 인해 테슬라의 기업 가치가 상승한 점을 보더라도 충분히 입증되고 있다.

주변 일상이나 SNS 등을 이용하는 방법에서도
가장 중요한 것은 정보의 비판적인 수용이다

해당 정보에 대한 다양한 견해가 있을 수 있기 때문이다. 따라서 주변 일상이나 SNS 등을 이용하여 투자 정보를 수집하는 경우 자신이 가장 잘 알고 익숙한 것에서 출발해 본다는 점에서 큰 의미가 있을 것이다. 자신이 가장 잘 알고 익숙한 것이 이해도 빠르면서 투자 아이디어로 연결하는데 용이하고 본인의 경험이나 하고 있는 일 등과 연관된 정보는 아무래도 진위를 파악하기 쉬울 것이기 때문에 투자 정보로 바로 활용 가능할 것이다.

다만 경우에 따라서는 주변 일상이나 SNS 등을 이용하는 방법은 전적으로 신뢰할 수 있는 정보라고 하기는 어려울 수 있다. 아무래도 주변 일상에서 찾는 정보는 정보를 접하는 사람의 주관적인 견해가 반영될 가능성이 크기 때문이다. SNS의 경우에도 자신의 관심 영역에 국한될 가능성도 있어서 일반적인 현상으로 이해하기 어려울 수 있다. 따라서 주변 일상이나 SNS 등을 이용하는 방법은 애널리스트 분석 보고서, 언론 기사 등에서 투자 정보를 얻는 것을 어느 정도 보완해 주는 정도로 이용해 볼 수 있을 것이다.

투자 대상 정리하기

I

투자 대상 정리 과정, '풀링(pooling)'

풀링은 주식 투자에서 중요한 과정

마인드 세팅을 하고(Step 1) 필요한 정보를 찾는 방법을 파악했다면(Step 2) 주식 투자를 위한 준비 과정이 어느 정도 이루어졌다고 할 수 있다. 이번 Step 3부터는 실제 주식 투자와 직접적으로 연관되는 내용을 다루게 된다.

Step 3에서는 여러 가지 정보를 활용해서 실제 투자 대상을 선별하는 방법에 대해서 알아보려고 한다. 주식 투자에 있어서 실행 부분은 투자 대상을 정리하는 단계(풀링)와 실제 주식 투자를 실행하는 단계로 구분해 볼 수 있는데 이번 단계에서는 투자 대상을 정리하는 풀링 과정에 대해서 이야기해 보겠다. 풀링 과정을 한마디로 설명하면 실제 투자에 나서기 전에 여과 장치인 필터를 한번 거치는 과정이라고 할 수 있다. 여과 장치를 거친 후에는 실제 투자로 바로 연결된다는 점에서 주식 투자를 하는데 있어서 상당히 중요한 과정이라고 할 수 있다.

풀링 과정을 거쳐야 하는 이유 1: 수많은 상장 기업이 있기 때문

투자 대상을 선별하는 과정을 거쳐야 하는 이유는 먼저 세계적으로 여러 국가에 많은 기업이 상장돼 있기 때문이다. 주식 투자 대상이 너무 많기 때문에 투자 대상의 범위를 어느 정도 좁혀놓지 않고서는 실제로 투자할 종목을 결정하기 어려울 것이다.

국가별로 주요 거래소별 상장 종목 수를 살펴보면 다음과 같다. 미국 뉴욕증권거래소NYSE에 상장되어 있는 종목 수는 3,100개가 넘고 나스닥NASDAQ에 상장되어 있는 종목 수는 4,400개가 넘는다. 한국거래소KRX에 상장되어 있는 종목 수는 2,300개가 넘는다. 홍콩 주식 시장HKSE에는 2,440개 이상, 중국 상하이 주식 시장SSE에는 1,700개 이상, 선전 주식 시장SZSE 2,280개 이상의 기업이 상장되어 있다. 국내 주식뿐 아니라 해외 주식으로까지 투자 범위를 넓히게 되면 투자 대상 범위를 좁히지 않고서는 개인 투자자로서 감당하기 어려울 것이다. 특히 초보 주식 투자자의 경우는 더욱 어려울 것이다.

수많은 상장 기업에 비해
개인으로서 관리 가능한 종목은 제한적

이에 반해 개인이 관리 가능한 투자 종목은 10개 내외 정도로 생각된다. 투자 종목 개수를 늘린다고 하더라도 20개를 넘어서기는 어려울 것이다. 여기서 관리 가능한 투자 종목이라는 개념을 알아볼 필요가 있다. 관리 가능한 투자 종목이란 실제 투자가 이루어진 후 해당 종목에 대한 세부적인 내용을 파악하면서 리스크 관리가 가능한 종목 수를 의미한다. 물론 투자자금의 규모에 따라서는 100개 정도의 종목을 매수할 수도 있겠지만 매수한 후 제대로 관리하기가 어려울 것이다. 관리 가능하다는 의미는 단순히 매수할 수 있는 능력을 의미하는 것은 아니기 때문이다. 어떤 종목을 매수한 후 지속해서 보유할 것인가를 판단하고 발생할 수 있는 리스크를 점검할 수 있는 정도의 관리를 하는 것이다. 또한 상황에 따라서는 보유 종목을 추가 매수하거나 매도할 것인가를 판단할 수 있는 능력까지도 관리라는 의미에 포함된다. 결국 투자를 실행하기 전에 투자 대상을 정리해 놓지 않는다면 투자를 실행하고 관리하기도 어려울 것이다. 주식 투자에 있어 투자할만한 종목을 선별하는 '풀링' 과정이 불가피한 이유이다.

풀링 과정을 거쳐야 하는 이유 2: 주식 투자 실패의 최소화와 리스크 관리

투자 대상 정리가 필요한 또 다른 이유는 초보 주식 투자자로서 주식 투자 실패 가능성을 최소화하고 위함이다. 또한 주식 투자를 실행한 이후 리스크 관리가 중요하기 때문이다.

  주식 투자 경험이 많다면 투자 대상을 선별하는 것이 어렵지 않을 것이다. 여러 번 또는 오랜 기간 동안의 주식 투자 경험을 통해서 본인의 관점에서 꾸준히 살펴보는 종목들이 최소한 한두 개는 있을 것이기 때문이다. 하지만 초보 주식 투자자 입장에서는 주식 투자 관련 공부나 경험이 많지 않아서 투자 대상을 골라내기가 쉽지 않을 것이다. 투자 대상 종목들을 잘 고르지 못하면 주식 투자에 실패할 가능성이 높아진다. 초보 주식 투자자는 반드시 투자 대상을 미리 정리해 보아야 한다. 또한 주식 투자를 실행한 이후 주식 시장의 상황 변화에 따라 지속적으로 리스크 관리를 해야 주식 투자 실패 가능성을 줄일 수 있다. 리스크 관리를 위해 지속적으로 점검해 보아야 할 요인들은 투자 대상을 '풀링'하는 과정에서 함께 정리할 수 있기 때문에 초보 주식 투자자는 투자 대상을 '풀링'하는 과정을 반드시 거쳐야 할 것이다.

풀링 과정에서 명심해야 할 것: 형식보다는 내용이 중요

투자 대상을 풀링하기 전 풀링하는 방법과 관련해서 한 가지 명심해야 할 것이 있다. 너무 복잡한 형식으로 정리하지 말라는 것이다. 사람들은 무엇인가 정리해야 한다고 하면 너무 거창하게 생각하고 무겁게 접근하는 경우가 많다는 것이다. 이러한 경우 정리하는 것 자체가 주식 투자를 위한 준비 작업이 아니라 노역이 될 수 있고 그 내용이 장황해질 수 있다. 이렇게 접근하게 되면 풀링하는 과정이 번거롭고 귀찮은 과정이 될 수 있어 이 과정을 제대로 거치지 않고 바로 주식 투자에 나서게 될 수 있다.

분석 자료를 작성하는 애널리스트 입장이라면 자료 내용이 좀 더 세부적이고 어느 정도 깊이도 있어야 하기 때문에 복잡하고 무겁게 느껴질 질 수 있다. 하지만 주식 투자자 입장에서 투자 대상을 정리하는 것이라면 복잡하고 무겁게 작성할 필요가 전혀 없다. 또한 너무 형식적인 측면을 강조할 필요도 없다.

투자 포인트를 세줄 정도로 요약

그렇다면 투자 대상을 정리할 때는 어떤 형식으로 정리하는 것이 좋을까? 형식적인 것보다는 내용에 있어서 투자 포인트를 세줄 정도로 정리하는 정도면 될 것이다. 정리 자체보다는 투자 포인트를 세 줄 정도로 요약하기 위해 고민하고 생각하는 과정이 더 중요하기 때문이다. 투자 포인트에는 투자해야 하는 주된 이유와 리스크 요인이 간략하게 기록되면 된다. 고민해서 걸러낸 결과이기 때문에 상당한 의미를 내포하고 있다고 할 수 있다. 이제부터는 투자 대상을 정리하는 방법을 좀 더 세부적으로 설명해 보기로 한다.

II

투자 대상의 큰 틀을 먼저 잡고 범위를 좁혀나간다

투자 대상의 범위를 좁혀나가자

투자 대상 국가나 섹터를 결정하여 선택의 범위를 좁힌 후 투자 대상 기업을 선정하는 것이 좋다. 선택의 범위를 좁히는 작업을 선행하지 않을 경우 너무 많은 시간과 노력이 소요될 수 있다. 특히 초보 주식 투자자 입장에서는 경험이나 지식 습득 수준이 높지 않아 투자 대상의 큰 틀을 먼저 잡고 범위를 좁혀나가는 것이 합리적인 방안이라고 할 수 있다.

투자 대상의 범위를 좁혀나가는 단계에서 가장 필요한 것이 Step 2에서 살펴본 애널리스트 분석 자료, 언론 기사, 주변 일상이나 SNS 등에서 투자 정보를 수집하는 것이다. 수집한 정보를 통해서 투자 유망한 국가나 업종을 생각해 보고 그 범위 내에서 투자 대상 기업을 찾아보는 것이다. 이번 내용에 대해서는 몇 가지 예를 들어 설명하는 것이 이해에 도움이 될 것이다.

증권 회사 리서치센터에서 특정 산업과 관련한 깊이 있는 분석 자료를 발표한 경우

어떤 증권 회사 리서치센터에서 최근 바이오산업과 관련된 트렌드 현황 및 전망에 대한 분석 자료를 발표하였다. 이를 활용해서 바이오산업에 대한 전반적인 상황과 향후 변화에 대한 내용을 정리해 보고 관련 종목에 대해서도 정리해 볼 수 있다. 특히 바이오산업은 용어나 내용이 일반인이 쉽게 접근하기 어렵기 때문에 발표된 분석 자료를 이용해 해당 산업에 대한 전반적인 내용을 정리해 보도록 한다.

쉽게 접근하기 어렵거나 해당 산업 연관 용어에 익숙해지기 어려운 경우에는 여러 분석 자료 중에서 투자자 자신이 참고하기 편안해 보이는 자료를 찾아 놓을 필요도 있다. 이때는 가장 최신의 자료가 아니더라도 내용이 잘 정리되어 있고 장기적인 그림이 잘 제시되어 있는 자료를 선택하는 것이 좋을 것이다.

또한 투자 대상 종목을 정리하기 위해 모든 산업에 대해 세부적인 내용까지 전부 파악하고 있을 필요는 없다. 큰 맥락만 이해하고 있으면 된다. 세부적인 내용은 필요할 때마다 선택해 놓은 분석 자료를 참고하면 된다.

미국 정부의 중장기
인프라 투자 강화가 예상되는 경우

만약 미국의 대통령 선거 이후 새롭게 출발하는 정부가 중장기 인프라 투자를 강화할 것으로 예상된다고 하자. 정부 주도의 투자가 대규모로 실시될 예정이라면 이와 관련된 투자 대상을 선별해 보는 것도 좋을 것이다. 코로나19로 인한 봉쇄가 해제된 가운데 중장기 인프라 투자가 강화될 것으로 예상된다면 관련 산업이 성장할 것으로 기대해 볼 수 있기 때문이다. 중장기적인 인프라 투자는 경제의 구조적인 성장을 강화하기 위한 투자의 성격을 갖는다. 그렇게 되면 관련 산업은 중장기적인 구조적 성장의 토대가 만들어질 수 있을 것이다.

이러한 접근은 한 국가의 정책적인 변화가 있을 때 향후 구조적인 변화를 시사하는 경우가 많았다는 경험에서 출발한다. 구조적인 정책 변화는 한번 시작되면 정권이 바뀌더라도 지속적으로 시행될 가능성이 높을 것이다. 인프라 투자의 방향이 국가의 장기 성장성에 도움이 되는 것이라면 지속성을 갖게 되는 경향이 있다. 이러한 이유로 새로운 장기 정책 방향 또는 장기 비전 등이 수립될 경우 장기 투자 대상으로 고려할 필요가 있다. 이러한 변화가 있을 때에는 이와 관련해서 애널리스트 분석 자료, 언론 기사 등이 많이 작성되기 때문에 자신만의 판단 기준이 있다면 필요한 정보를 수집하기도 어렵지 않을 것이다.

중국의 경제적 위상이 강화될 것이라는 전망이 있는 경우

미국을 제외한 여타 국가들 중 중국의 경제력이 커질 것이라는 분석이 많아지고 있다. 중국이라는 새로운 경제 강국의 부상은 주식 투자를 하는 투자자 입장에는 가볍게 지나칠 수 있는 이슈는 아닐 것이다. 글로벌 투자 은행들은 2030년을 전후로 중국의 경제 규모가 미국을 넘어설 것이라는 전망을 내놓고 있다.

　이러한 전망을 고려한다면 중국을 투자 대상 국가로 선정할 수 있고 더 나아가서는 중국의 어떤 산업이 주도적인 역할을 할 것인가에 대해 생각해 볼 수 있다. 특히 중국 정부가 성장 주도 산업을 육성할 의지를 보이고 있어 이와 관련된 업종을 중심으로 투자 대상을 선별하는 것이 용이할 것이다. 반대로 중국 정부의 규제가 강화되는 분야도 있을 수 있음 을 고려해야 할 것이다.

다만 중국의 위상 강화를 견제하기 위한 미국의 다양한 노력도 고려해야 할 요인이다. 미국의 견제로 인해 타격을 입을 중국 내 업종과 그렇지 않을 업종을 생각해 보아야 할 것이다. 중국 주식 시장에 투자한다면 중국 정부가 육성 의지를 밝히고 있는 업종 가운데 미국의 대중국 견제에 따르는 부정적 영향이 상대적으로 크지 않을 업종을 선별하는 것이 좋을 것이다.

글로벌 구도 변화에 대한 투자 관점, 리스크에 대한 점검은 필수

이 경우는 글로벌 구도에 변화가 생길 수 있다는 생각에서 출발한다. 새롭게 경제 강국으로 부상하고 있는 국가에 대한 투자를 생각해 보는 것이다. 과거 아시아의 다섯 마리 용, BRICs 등 높은 경제 성장이 지속되는 지역이나 국가에 대한 주식 시장 참여자들의 관심이 높아졌던 시기와 유사한 경우라고 할 수 있다. 해당 국가는 다른 국가들에 비해 높은 경제 성장이 가능하기 때문에 투자 대상 국가로 분류해 볼 수 있다. 이러한 국가들에서 경제 성장을 주도하는 업종이 있을 것이고 정책적으로 육성하는 산업에 해당하는 업종도 있을 것이다. 이러한 업종들로 범위를 좁힌다면 투자 대상을 선별하기가 쉬울 것이다.

다만 경제 성장률이 높은 국가나 교역이 활발한 국가의 경우에는 경제 관련 제재, 무역 분쟁 등 여러 리스크가 발생할 수 있다는 점을 고려할 필요가 있다. 한국의 경우도 수출 주도형 성장이 지속되면서 미국, EU 등으로부터 각종 무역 규제를 경험해 오고 있다. 이러한 요인은 해당 국가에 대한 투자에 있어서 리스크가 될 수 있다. 주식 투자 대상을 선별해 보는 것과 함께 실제 투자를 실행한 이후 발생할 수 있는 리스크 요인을 생각해 보는 것을 습관화할 필요가 있다.

ESG라는 이슈가 꾸준히 등장하고 있는 경우

최근 언론 기사에 ESG$^{environment, social, governance}$라는 이슈가 꾸준히 등장하고 있다. 특히 글로벌 주요 대형 기관 투자자들의 투자 대상 결정 과정에 ESG 준수 정도를 반영하려는 움직임이 나타나고 있다. 국내에서도 국민연금 등 대형 기관 투자자들도 ESG를 투자 대상 선별 과정에서 적극 반영하겠다는 입장을 밝히고 있다. 이러한 이유로 ESG가 투자의 한 테마로 부상하고 있다.

이러한 변화는 성장 일변도에서 균형과 공생으로 주식 시장의 관점이 변하고 있다는 것을 시사하고 있다. 새로운 변화의 한 가지로 이해하고 이를 투자 대상 선별 과정에서 고려할 필요가 있다. 이러한 변화 주제가 상당히 장기간에 걸쳐 일어날 것으로 예상되기 때문에 ESG라는 이슈의 변화 시간적인 과정을 좀 더 구분해서 생각할 필요가 있다.

ESG 도입의 시간적 과정별로 생각할 필요

먼저 ESG에 대해 논의되는 국면을 시간적으로 초기, 중기, 후기로 구분해 본다. 대략적으로 생각해 보면 초기에는 관련 논의가 진행되는 과정이 진행될 것이다. 중기에는 다양한 시도가 본격적으로 나타날 것이고 후기에는 성공 사례에 대한 분석, 제도적 보완점 등이 있을 것이다.

현재가 초기 국면이라면 어떠한 상황이 전개되고 앞으로 어떠한 추이를 보일 것인지를 살펴볼 필요가 있다. 아마도 주요 기관을 중심으로 ESG를 투자 기준으로 도입하려는 시도가 있을 것이다. 학계나 신용평가기관들의 나름대로의 도입 방안이 제시되고 대형 투자 기관을 중심으로 ESG를 투자 대상 선별 기준으로 받아들이려는 다양한 논의가 진행될 것이다. 중기 국면이라면 ESG

를 투자하는 기관뿐 아니라 개별 기업들의 관심이 높아질 것이고 이에 관련한 인프라 구축이 본격화될 것이다. 후기 국면이라면 ESG 도입의 성과와 보완점에 대한 논의가 진행되고 이를 바탕으로 피드백을 거치면서 ESG가 보편적인 기준으로 안착하게 될 것이다.

이러한 전개 과정에 대한 추론은 필자의 개인적인 견해이지만 아직 가보지 않은 길에서는 자신만의 생각을 가지고 국면을 구분해 볼 필요가 있다. 국면 구분을 하지 않고 ESG와 관련된 주식 투자를 할 경우 그 단계에 적정한 투자 전략을 펼치지 못할 수 있다. 예를 들면 시기적으로 너무 일찍 대규모 투자를 할 경우 시장이 무르익지 않은 상황에서 노는 돈이 생길 수 있다. 또는 너무 늦게 투자했을 경우에는 수익률이 낮거나 오히려 손실을 보게 될 수도 있을 것이다.

실제 투자 대상 종목을 정리할 때에는 현재 국면과 향후 국면에 대한 생각을 정리한 후에 각 국면에서 투자할만한 업종을 선별해 보는 것이다. 아무래도 ESG는 초기 국면에는 선진국이 유리할 것이고 시간이 지나면서 여타 지역으로 확산될 수 있을 것이라고 생각할 수 있다. 또한 초기 국면에는 ESG에 대한 평가 체계가 제대로 정착되지 않을 수 있다는 점과 평가 방법을 표준화하려는 논의가 진행될 수 있다는 점도 고려해야 할 것이다. ESG

관련해서는 필요성은 커졌지만 정착되기까지는 시간이 걸릴 가능성이 있다.

장기적인 변화를 가져오는
새로운 이슈에서 투자 대상을 찾는다

이러한 접근 방법에서의 시사점은 새로운 이슈가 제기되고 그 이슈가 장기적인 변화를 가져온다고 판단될 때 이를 투자 대상으로 생각해 본다는 것이다. 그런데 그 변화에 소요되는 기간이 아주 장기적이라고 판단될 때에는 변화를 국면별로 살펴볼 필요가 있다. 1, 2, 3, …… 단계, 혹은 초기, 중기, 후기 국면 등으로 범위를 좁혀서 투자 대상을 생각해 볼 수 있다. 현재 진행되는 단계가 어느 정도인지를 파악해 보아야 할 것이고 그 다음 단계는 어떻게 이행할 것인가 등을 생각해 봐야 한다. 중요한 이슈가 제기되고 활성화되면 참고할 만한 언론 기사나 분석 보고서가 다양하게 작성되기 때문에 정보를 수집하고 나만의 생각으로 정리하기가 어렵지 않을 것으로 판단된다.

친환경 테마가 새롭게 부상하고 있는 경우

최근 들어 친환경 테마가 새롭게 부상하고 있다. 친환경 테마는 이산화탄소 배출량을 줄여야 한다는 글로벌한 움직임에서 비롯된 것이다. 성장 일변도보다는 지구의 환경을 보호할 수 있는 방안을 함께 고려해야 한다는 공감대가 형성되고 있는 것이다. 앞에서 논의한 ESG와도 관련되어 있는 이슈이다. 세계 주요 국가들에서 공감대가 형성되고 있고 각국 정부가 대부분 동참하고 있기 때문에 친환경이 주요 테마가 되고 있다.

이 경우에는 친환경 테마에 해당하는 업종이 무엇인지, 어떠한 국가나 기업이 친환경 산업에서 우위를 점하고 있는지 등을 생각해 볼 필요가 있다. 이산화탄소 배출량을 줄이려면 화석 연료 사용을 줄여야 할 것이고 화석 연료 발전도 친환경 발전으로 전환해야 한다. 기존의 산업에서도 국가 정책적인 측면에서 친환경으로의 변화가 불가피할 것이고 상당기간 소요될 것이다.

처음에는 막연하게 친환경 에너지, 전기차 등과 같은 중심어^{key} ^{word}에 초점을 맞추는 방향으로 생각하겠지만 좀 더 나아가면 다양한 가치 사슬$^{value\ chain}$을 만들어 나가거나 발견하게 될 것이다. 그 가치 사슬에 대해서는 분석 보고서, 언론 기사 등 다양한 경로에서 언급되어 있다. 이를 이용해서 가치 사슬별로 투자 아이디어를 생각해 보고 투자 대상을 정리해 볼 수 있다.

장기 성장 테마는 O.K., 휘발성 테마는 No

이러한 접근은 새로운 장기 성장 테마가 부상하기 시작했을 때 이와 관련된 다양한 연결고리를 생각해 보는 것이다. 주식 시장에는 다양한 테마가 등장하고 사라진다. 여기서 말하는 테마는 단기간에 등장했다 사라지는 그런 테마를 의미하지 않는다. 장기적으로 성장할 것으로 예상되는 테마를 말한다. 장기적인 성장 테마는 변화가 진행되는 과정에서 수많은 형태로 파생되어 파급되는 모습을 보이기도 한다. 지속적으로 지켜보면서 파급되는 고리를 파악하려는 노력을 지속해야 할 것이다.

정치인 테마, 선거 테마 등은 단기간에 등장했다 사라질 휘발성 테마인 경우가 대부분이다. 앞에서 언급했던 전기차, 친환경 테마는 장기적으로 성장할 수 있는 테마이다. 그 밖에 더 큰 테마로는 코로나19로 인해 잠시 잊고 있었던 4차 산업 혁명 테마를 생각해 볼 수 있다. 4차 산업 혁명이라는 테마는 상당히 오랜 기간 아주 넓은 영역으로 확산될 수 있는 것이므로 이와 관련해서는 다양한 관심을 가져볼 필요가 있다. 지속성이 있는 테마는 세상을 바꾸는 변화와 관련된 것들이라고 보면 이해가 쉬울 것이다.

III

효과적인 종목 선정 방법
'바텀업 전략'

바텀업 접근 방법, 좋지만 어렵게 느껴지는 방법

투자 대상 기업을 선정할 때에는 바텀업^{Bottom-up} 접근 방법을 쓰는 것이 좋다. 바텀업 접근 방법을 교과서적으로 설명해 보면 기업의 성장성, 현금 창출 능력, 시장에서의 지배력 등을 살펴보고 투자를 결정하는 방법이다. 이러한 설명은 초보 주식 투자자들에게는 다소 막막하게 들릴 수 있다. 기업의 재무와 관련된 세부적인 내용을 살펴야 하는 접근 방법이기 때문이다. 기업 재무와 관련된 내용은 아무래도 전문가의 영역으로 인식되는 것이 일반적이다.

바텀업 접근 방법의 본질적인
분석 목적을 알면 이해가 쉬워져

그러나 바텀업 접근 방법에서 재무적인 정보들을 살펴보는 본질적인 이유를 이해하게 되면 좀 더 쉽게 접근할 수 있을 것이다. 기업의 재무 정보들을 이용해서 한 기업을 다양한 측면에서 살펴볼 수 있다. 매출은 해마다 어느 정도로 늘어나고 있는지, 매출 성장의 중심 축은 어떤 부문인지, 매출 증가가 현금 증가로 이어지고 있는지 등을 살펴볼 수 있다. 또한 물건을 하나 팔아서 어느 정도의 이익을 기록하고 있는지, 이익률이 장기적으로 안정적으로 유지되고 있는지 등도 살펴볼 수 있다. 여기에 투자 규모는 적정한지, 투자에 필요한 자금 조달은 원활한지, 투자 후 이익은 언제부터 발생할 것인지 등도 살펴볼 수 있다.

이렇게 재무 정보로부터 살펴보아야 하는 사항이나 그 의미에 대해서는 많은 내용들을 찾아볼 수 있다. 다양한 서적이나 인터넷 검색을 통해서도 찾아볼 수 있고 이에 대한 다양한 동영상 자료들도 찾아볼 수 있다. 하지만 이러한 재무 정보를 수집하고 이를 통해 다양한 분석을 하는 이유에 대한 설명은 찾아보기 어렵고 잘 찾아보지도 않는 것이 현실이다.

바텀업 접근 방법의 본질적 목적, 경쟁력 있는 기업을 찾는 것

바텀업 접근 방법에서 기업의 재무적인 정보를 통해 얻고자 하는 것은 경쟁력 있는 기업을 찾는 것이다. 기업이 높은 성장을 지속하는 가운데 수익성도 탁월하다면 다른 기업보다 경쟁력을 확보하고 있다고 할 수 있을 것이고 여기에 재무적인 안정성도 갖추고 있다면 세 마리 토끼를 잡고 있는 기업이라고 할 수 있을 것이다.

결국 바텀업 접근 방법은 경쟁력 관점에서 기업을 보려는 노력의 일환이라고 할 수 있을 것이다. 초보 주식 투자자는 투자 대상 종목을 선정할 때 기업을 경쟁력 관점에서 보는 것이 바텀업 접근 방법의 근본적인 이유라는 것을 잊지 말아야 한다. 그런데 재무 정보를 보는 것이 어려울 것이기 때문에 여기서는 좀 더 쉽고 실제적으로 활용할 수 있는 방법을 이야기해 보려고 한다.

재무제표와 재무 지표

그 전에 한 가지 알고 있어야 하는 것은 재무제표financial statement와 재무 지표financial indicator의 차이점이다. 이에 대해서 여러 설명이 있을 수 있지만 여기서는 단순하게 이해하고 넘어가면 될 것이다. 재무제표는 한 기업의 재무와 성과에 관한 보고서이고, 재무 지표는 재무와 관련 각종 지표이다. 재무제표는 재무 상태표, 손익 계산서, 현금 흐름표, 주기 및 주석을 일컫는 말이다. 재무제표는 가공하기 전의 원자료raw data이고 이를 가공하여 재무 지표가 만들어진다고 이해하면 될 것이다.

재무 지표에는 크게 성장성 지표, 수익성 지표, 건전성 지표 등이 있다. 대부분의 지표들이 재무 정보를 기초로 계산하여 산출되는 숫자로 되어 있기 때문에 전문적인 지식이 필요하고 세부적인 내용에 대해 어느 정도 이해할 필요도 있다. 초보 주식 투자자들은 좀 더 쉽게 접근할 필요가 있다. 이후 경험이 쌓이는 과정에서 세부적인 내용으로도 지식의 수준을 넓혀가는 것이 좋을 것이다.

초보 주식 투자자 시절에는 특정 지표가 개선되면 성장성이나 수익성이 좋아지고 있다는 식으로 이해하면 될 것이다. 이후 경험이 축적되면 매출 증가율이 높아지더라도 매출 증가의 주된 배경이 무엇인가를 들여다볼 수 있도록 하는 것이 좋다. 매출이 외상으로 늘어나면 현금흐름이 악화되기 때문에 재무 안정성이 악화될 것이므로 성장의 질적인 측면이 좋지 않을 수 있다.

경쟁력 관점에서 기업을 보면

바텀업 접근 방법에 쉽게 접근하기 위해서는 경쟁력 관점에서 기업을 보려는 노력이라는 근본적인 취지를 기억해 볼 필요가 있다. 즉, 초보 주식 투자자 입장에서 활용할 수 있는 바텀업 접근 방법은 높은 수준의 경쟁력을 확보하고 있는 기업을 찾는 것이다.

주식 시장에서의 경험하였던 바로는 경쟁력이 높은 기업에 투자하였을 때 좋은 성과를 기록하는 경우가 많았다. 이는 경쟁력이 높은 기업은 해당 산업의 성장을 주도하는 가운데 해당 산업 내에서 과점적인 위치를 차지하게 되는 경우가 많기 때문이다.

일반적으로 과점적인 지위를 차지하고 있는 기업을 부정적인 시선으로 보는 경우가 있는데 이와는 다른 것으로 이해할 필요가 있다. 경쟁력 있는 기업은 부정한 수단을 통해 과점적인 위치에 도달하는 것이 아니라 혁신적인 방법을 통해 과점적인 지위에 자연스럽게 도달하기 때문이다. 혁신을 바탕으로 과점적 지위에 오르기 때문에 규제나 제제를 받지 않을 수 있는 것이다. 하지만 이후 혁신 기업이 혁신적 활동을 지속하지 못하게 되면 과점적인 지위를 점차 잃게 되면서 경쟁력을 상실하게 될 수 있다. 또한 혁신적 활동 없이 기존에 확보한 과점적 지위를 통해 현재의 지배력을 유지하려 한다면 규제나 제제를 받음으로써 어려움에 처할 수도 있다.

경기 순환 사이클을 이용하는 방법

초보 주식 투자자가 생각해 볼 수 있는 또 다른 바텀업 접근 방법은 경기 순환 사이클에 따라 투자 유망 기업을 찾아보는 것이다. 경기 순환 사이클은 경기가 '호황-후퇴-불황-회복'의 네 국면으로 구분하고 이 네 가지 국면이 순환적으로 반복되는 것을 말한다. 경기순환 사이클을 '확장-수축'의 두 국면으로 나누기도 한다.

경기 국면별 성장률과 인플레이션(물가 상승) 변화

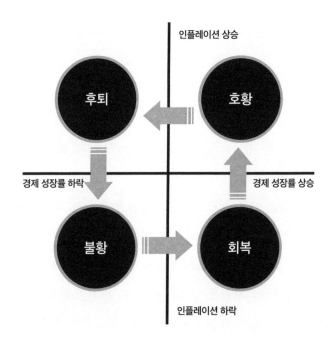

경기 순환적인 측면에서 투자 대상을 골라야 하기 때문에 장기적인 트렌드에 투자하는 것이라기 보다는 경기 국면별로 적절하게 대응하는 방식의 투자라고 할 수 있다. 따라서 초보 주식 투자자에게는 어려운 투자 방식이 될 것이다. 현재가 경기 순환 사이클 중 어떠한 국면에 위치하고 있는지를 판단하기 어려울 것이기 때문에 국면 판단은 경제 전문가의 견해를 참고해야 할 것이다.

하지만 경제 전문가들 사이에서도 현재의 경기 순환 국면 판단이 상이한 경우가 많다. 그리고 정확한 경기 순환 국면은 사후적으로 통계청에서 결정해서 발표하게 된다. 먼 미래에 현재의 경기 국면이 확정되는 것이므로 현재 경기 국면이 회복 국면이라고 판단했다 하더라도 그 판단에 오류가 있을 수 있는 것이다. 이러한 점들을 고려할 때 경기순환 사이클에 따라 투자 대상을 선정하는 방법은 아무래도 초보 주식 투자자에게는 제약이 많은 방법이라고 할 수 있다. 이 방법으로 투자 대상을 선별하려면 경기 국면에 대한 판단이 언제나 달라질 수 있다는 것을 명심하고 항상 유연하게 대응해야 할 것이다. 또한 증권사 전문가의 견해를 참고하여 접근하는 것이 현명해 보인다.

VI

투자 대상의 3가지 범주
- 성장형, 인컴형, 경기 순환형

투자 대상을 정리하자

자신만의 기준이나 판단으로 투자 대상을 압축하여 정리한 후 그 중에서 선택하여 주식 투자를 실행하게 된다. 여기서는 투자 대상을 두세 가지 정도의 범주^{category}로 나누어서 정리하는 것이 좋다. 개인적으로는 성장형, 인컴형, 경기 순환형으로 구분하는 것을 추천해 본다.

성장형은 장기적인 트렌드 변화를 주도하는 업종 및 지역을 중심으로 정리하는 것이 좋다. 인컴형은 주가 변동성이 크지 않고 꾸준한 배당이 가능한 종목을 중심으로 정리할 필요가 있다. 경기 순환형은 경기 사이클의 변화, 재고 사이클의 변화 등을 고려하여 투자 대상을 선정해 보는 것이다. 앞에서 언급했듯이 경기 순환형은 상황에 맞는 변경이 필요할 수 있으니 장기 투자자 입장에서는 큰 비중을 두지 않아도 될 것으로 판단된다. 이를 좀 더 세부적으로 설명해 보기로 한다.

성장형은 테마별로 나누어 본다

먼저 첫번째, 성장형은 테마별로 나누어 보는 것이 좋다. 친환경 테마, ESG 테마, 전기차 테마, 클라우드 컴퓨팅 테마, 자율 주행 자동차 테마 등 새로운 성장 산업으로 대두되고 있는 테마를 중심으로 구분해 보는 것이다. 주요 성장 테마별로 투자 대상을 선별할 때에는 새롭게 부상하고 있는 지역도 동시에 고려하면 투자 대상을 좀 더 압축해 볼 수 있을 것이다.

예를 들면 중국이 새로운 경제 강국으로 부상하고 있다거나 베트남이 새로운 글로벌 제조공장 역할로 부상하고 있다는 점을 성장 테마를 선정할 때 고려해 보는 것이다. 과거에는 브릭스(BRIC's) 지역의 부상, 아시아의 다섯 마리 용의 부상 등을 성장 테마와 결합해서 투자 대상을 선정하였고 실제 투자도 이루어졌던 적이 있다. 현재를 기준으로 생각해 보면 글로벌 친환경, 중국 친환경, 미국 친환경 등과 같이 성장 테마에 투자 대상 지역을 결부시켜서 좀 더 압축해 볼 수도 있다.

또 다른 예로는 중국이 글로벌 경제 강국으로 부상하고 있는데 헬스케어와 전기차를 국가 중점 정책 과제로 선정하는 경우이다. 이때 정책적으로 육성하려는 산업은 중국이라는 국가 내에서 성장 테마가 될 수 있을 것이다. 중국 헬스케어, 중국 전기차라는 테마로 분류하고 이에 해당하는 투자 대상을 찾아보는 것이다. 국가적인 산업 정책은 지속력이 높고 투자 강도도 강할 것이기 때문에 하나의 테마로 생각해 볼 수 있을 것이다.

성장 테마형 ETF도 고려할 수도

투자 대상을 선별할 때 개별 기업 주식이 중심이 될 수도 있겠지만 테마형 ETF도 투자 대상으로 선별하는 것도 생각해 볼 필요가 있다. 개별 기업 주식은 경쟁력 관점에서 살펴봐야 할 것이고 개별 기업에서 발생할 수 있는 고유의 리스크도 함께 파악하고 있어야 한다. 이러한 개별 기업의 고유한 리스크에 따른 주가 변동을 줄이기 위해서는 테마형 ETF를 중심으로 투자 대상을 선정할 수 있다.

개별 기업의 고유한 리스크라는 것은 일반적으로 기업에 주어지는 환경 변화가 아닌 개별 기업의 특성상 발생할 수 있는 리스크이다. 거시 경제적인 환경 변화, 즉 물가 상승, 경기 둔화 사이클로의 진입, 환율이나 금리 등의 급격한 변동 등이 모든 기업에게 주어지는 일반적인 환경 변화라고 할 수 있다. 이와 달리 개별 기업의 고유한 리스크는 모든 기업이 아닌 특정 기업에서만 발생할 수 있는 사건이나 이슈라고 할 수 있다. 예컨대 기업의 부도 리스크(유동성 리스크), 경영진의 횡령 사건, 접수된 주문의 갑작스러운 취소, 생산 라인에서 발생한 화재, 노사간 갈등 발생, 특정 기업에 대한 정책 당국의 규제 강화 조치 등이라고 할 수 있다.

인컴형은 일정한 수입이 발생하는 자산

두번째는 인컴형이다. 앞에서도 언급했듯이 일정한 수입Income이 발생하는 주식을 말하는데 쉽게 설명하면 배당주의 성격을 갖는 주식이라고 할 수 있다. 주식 시장 여건에 따라 주가가 변동하기는 하지만 주가 변동성이 상대적으로 크지 않은 특성이 있다. 개별 기업의 주식 중 배당금이 의미있게 꾸준하게 지급되는 경우도 있고 정기적으로 분배금이 지급되는 ETF도 있다. 시장에 상장된 리츠도 일정한 배당금이 지급되는 주식 중 하나이다. 리츠는 투자자들로부터 자금을 모아 부동산 등 실물 자산에 투자한 후 발생하는 수익을 투자자에 배당하는 회사나 투자 신탁을 말한다.

인컴형 주식은 정기적으로 배당금이 지급되기 때문에 주가 등락에 의한 손익(자본차익)과 배당금 수이(배당수익)으로 구분해서 볼 필요가 있다. 배당금 수익은 거의 대부분 꾸준하게 발생하는 경향이 있어 어느 정도 예상이 가능하다. 하지만 주식 시장 여건에 따라 주가가 등락함에 따라 수익과 손실이 발생할 가능성이 있다. 손실이 발생한다고 해도 배당 수익이 꾸준히 발생하여 전체적인 투자 수익률을 어느 정도 보완할 수 있다. 따라서 인김형 주식에 투자할 때에는 초기 매수가격을 최대한 낮추도록 해야 한다. 투자 수익률은 매수 가격(분모) 대비 수익(분자)으로 계산되기 때문이다.

인컴형 주식도 개별 주식보다는 ETF를 활용하는 것도 좋은 투자 방법이 될 수 있다. 인컴형 주식도 개별 주식의 주가 변동 리스크가 있을 수 있기 때문이다. 인컴형 ETF는 배당금이나 분배금 지급률이 높은 주식이나 리츠 등에 투자하는 다양한 형태가 상장되어 있다.

경기 순환형은 경기 상황에 따라 변경이 필요

세번째, 경기 순환형은 투자 대상을 경기 상황에 따라 자주 변경해야 한다. 그렇지 않으면 투자에 성공하기 어려울 것이다. 경기 순환 사이클 중 재고 순환 사이클이 상대적으로 주기가 짧은 사이클이라고 할 수 있는데 순환 주기가 3년에서 3년 반정도 된다고 한다. 경기 국면을 4국면으로 나누면 한 국면당 9~10개월 정도 지속된다고 할 수 있다. 초보 주식 투자자가 9~10개월마다 시의 적절하게 투자 대상을 변경하는 것은 어려운 일이다. 장기 투자자라면 투자 대상의 한 범주로 분류할 수는 있겠지만 실제 투자하는 데 있어서 중심이 되는 것은 아닐 것이다.

경기 순환형 범주에 포함되는 주식은 초보 투자자 입장에서는 선별이 어려울 수 있으니 증권사나 전문가들의 견해를 이용하는 것이 좋을 것이다. 증권사나 전문가들의 견해는 거래 증권사를 통해서 파악하고 수집할 수 있다. 주로 애널리스트 분석 보고서 형태로 접할 수 있을 것이다. 그 밖에 동영상 자료 등으로도 여러 자료들을 찾아볼 수 있는데 검증이 제대로 이루어지지 않을 수 있으므로 향상 비판적인 시각을 가지고 활용해야 할 것이다.

투자 대상 찾기 3가지 팁

투자 대상 선별 3가지 팁

지금까지 범주별로 구분해서 투자 대상 종목을 선별하는 과정에 대해서 살펴보았다. 초보 주식 투자자로서는 처음 해 보는 것이기 때문에 어려운 과정이 될 것이다. 그런데 자신이 거래하고 있는 증권사나 자산 운용사들을 활용할 경우 투자 대상을 선별하는 과정이 조금은 쉬워질 수 있다. 이와 관련해서 몇 가지 팁을 준다면 다음과 같다.

첫째, 증권사에서 제시하는
장기 투자 유망 종목을 활용하는 방법이 있다

증권사 리서치센터에서는 투자 유망한 주식 종목이나 ETF에 대한 의견을 분석 자료를 통해 제시하고 있고 정기적으로 업데이트도 하고 있다. 이러한 성격의 자료를 활용하여 투자 대상을 선별할 수 있다. 이때에도 가장 중요한 것은 자기의 생각과 판단이 기준이 되어야 한다는 것이다.

둘째, 테마형 ETF를 활용하는 경우이다

한 가지 성장 테마에는 수많은 기업들이 연관되어 있다. 그 중에서 몇 개 기업의 주식을 선별해 내는 것은 어려운 작업이 될 수 있다. 여기에 개별 기업의 리스크에서 완전하게 벗어나기도 어려울 것이다. 이러한 경우에는 테마형 ETF를 이용하는 것이 좋다. 테마형 ETF를 매수하게 되면 자동으로 해당 섹터에 속해 있는 종목에 분산해서 투자할 수 있게 된다. 글로벌 주식 시장에는 수천 가지의 ETF가 상장되어 있기 때문에 다양한 투자 수단을 찾을 수 있다. 투자 대상을 선별하거나 실제 투자할 때에는 거래하는 증권 회사에서 제공하는 추천 리스트를 활용할 필요가 있다. 테마형 ETF를 활용하는 경우 개별 기업 주식을 골라야 하는 수고로움을 줄일 수 있고 장기 트렌드 변화에 분산 투자할 수 있을 것이다.

셋째, 테마형 ETF에 편입되어 있는
종목을 들여다볼 필요가 있다

이 방법은 주식 투자에 좀 더 익숙해졌다고 생각할 때 실행해 볼 방법이다. 투자 유망한 테마형 ETF에 포함되어 있는 주요 종목에는 해당 섹터에서 규모나 경쟁력 있는 기업들이 포함되어 있다. 또한 해당 테마에 손재하는 가치 사슬과 관린한 종목들이 포힘되어 있는 경우가 많다.

이러한 종목들을 살펴보게 되면 좀 더 투자 대상을 넓혀 볼 수 있고 가치 사슬별로 종목을 분리해 보는데 도움이 될 것이다. 또한 ETF내 편입되어 있는 종목의 투자 비중도 확인할 수 있는데 편입 비중이 주식 시장이나 해당 테마에서 위상을 말해준다고 생각해도 될 것이다. 그런데 이 방법은 초보 투자자에서 경험을 하나씩 쌓아 가면서 폭을 넓혀가는 과정에서 시간을 가지고 접근하는 것이 좋을 것이다.

주식 투자 실행 및 리스크 관리

I

투자 주체에 따른
실행 방법 2가지

직접 투자와 간접 투자

Step 3에서는 투자 대상 선별하기(풀링)에 대해서 알아보았다.
이번 Step 4에서는 실제로 주식 투자를 실행하는 것에 대해서 이
야기할 것이다. 어떻게 보면 가장 간단한 단계일 수 있다. 선별해
놓은 주식을 사면되기 때문이다. 하지만 투자 수익률에 직접적인
영향을 미치게 되는 과정이라서 너무 가볍게 볼 수도 없는 단계
라고 할 수도 있다.

마인드 세팅을 하고 필요한 정보를 수집하여 투자 대상을 선
별하는 것까지는 투자를 준비하는 과정으로 투자 수익률에 간접
적인 영향을 미치는 과정이다. 투자 준비 과정을 아무리 잘 마쳤

다고 하더라도 투자를 실행하는 단계를 제대로 밟지 못하면 투자 수익률에 직접적으로 좋지 않은 영향을 미칠 수 있다.

투자 실행 단계에서도 초보 주식 투자자로서 생각해 보아야 할 몇 가지 사항이 있다. 이번 Step 4에서는 투자를 실행하는 방법을 누가 투자를 실행하는가에 따라 두 가지 정도로 생각해 보기로 한다.

첫째는 자신이 직접 투자를 실행하는 방법이고 둘째는 간접적으로 전문가에게 위탁하여 실행하는 방법이다. 물론 두 가지 방법을 혼용할 수도 있다. 자신의 투자 자금을 일정 비율은 위탁하고 나머지는 본인이 직접 운용하는 것이다. 이 두 가지 방법 중 전문가에 위탁하는 경우도 위탁할 전문가를 결정하는 것도 자기 자신이기 때문에 투자자 자신만의 판단 기준이 중요할 것이다.

II

주식 투자 원칙!
분할 매수와 장기 투자

만들어 놓은 투자 풀 내에서 최종 투자 대상 고르기

본인이 직접 투자하는 경우에는 Step 3에서 만들어 두었던 투자 풀Pool 내에 포함되어 있는 종목 중에서 실제 투자할 종목을 최종적으로 골라내어 매매하면 된다. 이때 매매는 증권 회사를 방문하거나 전화를 걸어 직접 매수를 요청할 수도 있고 거래 증권 회사의 주식 매매 시스템(HTS나 MTS)을 이용해 매수하면 된다. 요즘은 대부분의 개인은 온라인 거래를 주로 활용하고 있을 것이다.

여기서 HTS는 Home Trading System의 약자이고, MTS는 Mobile Trading System의 약자이다. HTS와 MTS는 데스크탑 컴퓨터, 노트북 컴퓨터, 모바일 기기 등에 설치하여 주식을 사고 팔 수 있게 해준다. 매매는 물론 자산 관리까지도 가능하도록 설계되어 있다. 사용법은 각 증권 회사별로 제공하고 있으니 이를 참고하면 된다.

분할 매수가 기본 원칙

주식을 매수할 때는 그냥 한꺼번에 목표한 금액을 매수하는 것보다는 분할해서 매수하는 것이 가장 합리적이고 기본이 되는 방법이다. 분할 매수하는 방법을 가장 합리적이라고 말할 수 있는 것은 단기적으로 주가 방향이나 수준을 예측하기 어렵기 때문이다. 하루하루의 주가 수준을 예측할 수 있다면 가장 낮은 주가에서 주식을 살 수 있을 것이므로 분할해서 매수할 이유가 없다. 하지만 단기간 주가 수준을 예측하기 어려워 가장 주가가 낮을 때를 알기 어렵기 때문에 분할해서 매수해야 한다.

분할 매수를 통해 평균 매수 가격 낮추기

분할 매수한다는 것은 주식을 매수하는 기간의 평균 가격으로 주식을 산다는 것으로 이해하면 될 것이다. 주가가 상승하는 국면에서 분할해서 주식을 매수하면 점차 상승하는 주가 수준에서 주식을 매수하겠지만 평균 매수 가격은 현재 주가 수준보다는 낮을 것이다. 주가가 하락하는 국면에서 주식을 분할 매수하면 주가가 점차 하락하기 때문에 평균 매수가격을 낮출 수가 있다.

주식 시장에 불확실성이 발생하여 주가가 등락을 거듭하고 있는 국면에서는 분할 매수 방법을 잘 활용해야 할 것이다. 경쟁력 있는 기업의 주식을 매수하려고 하는데 주식 시장 변동성이 커져 있는 상황이라면 주가가 약세를 보일 때마다 분할해서 매수하면 된다. 투자 대상 기업의 펀더멘털과 경쟁력이 좋다는 판단 하에 장기 투자하려고 매수하는 것이기 때문에 분할 매수해서 최대한 평균 매수가격을 낮추는 것이 좋다. 가장 낮은 가격을 예측하려 하지 말고 분할해서 매수하는 방법이 가장 합리적인 방법이라고 할 수 있다.

분할 매수 방법은 평균 매수 가격을 낮추는 것 이외에도 매수 과정에서 발생하는 리스크도 어느 정도 줄여줄 수 있다. 분할 매수하는 과정에서 예상하지 못했던 주가에 좋지 않은 상황이 발생할 경우에는 매수를 중지하거나 매수 속도를 조절할 수 있기 때문이다.

장기 투자자 입장에서 주식을 매수한다면 매수하는 주가 수준에 너무 집착하지 않아도 된다. 장기적인 주가의 방향이 우상향

할 것이라고 판단한다면 투자할 주식을 매수하는 시점을 너무 미룰 필요는 없을 것이다.

전략적으로 현금 유동성을 보유

경험적으로 보면 투자 초기 어느 정도 성과가 나와야 다소 안정감을 느끼면서 주식에 장기 투자할 수 있다. 이때 투자 실행에 있어서는 기본으로 알고 있어야 할 것이 있다. 그것은 한 번에 목표한 금액을 다 사지 않는다는 것이다. 주가가 하락하거나 조정을 받을 때마다 분할해서 매수하는 것이다. 이는 넓게는 분할 매수와 유사하다고 볼 수 있지만 조금 다른 점은 여분의 현금성 자산이나 즉시 현금화할 수 있는 주식 이외 금융 자산을 보유하고 있어야 한다는 것이다. 주식 투자를 하려고 보유하고 있는 자금이 100이라면 일단 70을 분할 매수하여 주식으로 보유하고 나머지 30은 현금성 자산으로 보유한다는 것이다. 보유하고 있는 현금성 자산은 주식 시장에 예상하지 못했던 충격이 발생하거나 별다른 이유 없이 주가가 하락한 경우 추가 매수할 자금 등으로 활용하면 된다. 일종의 재기 자금의 성격이라고 할 수 있다.

적립식 주식 투자도 분할 매수 전략 중 하나

주가가 하락하거나 조정을 받을 때 매수 시점을 파악하기 어려운 일명 주린이 입장에서 장기적으로 주식 투자를 한다고 하면 적립식 형태로 정기적으로 주식을 꾸준히 사는 방법도 생각해 볼 필요가 있다. 초보 주식 투자자는 주가가 하락하면 마냥 주가가 하락할 것만 같고 주가가 상승하면 마냥 상승할 것만 같다. 지금 이 순간이 영원할 것만 같은 것이다. 이를 극복하는 데에는 적립식 투자가 좋은 방법이다.

주식 매수 이후에도 대응이 필요

주식을 매수하는 시점, 매수하는 방법도 중요하지만 주식을 매수한 이후에도 주가 추이를 지켜보면서 어느 정도의 대응이 필요하다. 여기서 대응이라는 것은 정기적이나 부정기적으로 투자 판단을 다시 점검해 보는 것을 말한다. 예를 들면 매수 종목과 관련한 실적이나 이슈 등이 발생했을 때 매도할 것인가 추가 매수할 것인가 그냥 보유할 것인가 등을 생각해 보는 것이다.

이때에는 Step 3에서 투자 대상을 선별할 때 정리했던 투자 기간, 목표 수익률, 매수의 근거 등을 다시 한번 생각하면서 대응하는 것이다. 자신이 생각했던 수익률에 도달했을 때 자신이 생각했던 투자 기간이 경과했을 때 등 투자에 대한 새로운 판단을 내려야 하는 상황이 왔을 때에도 대응이 필요하다.

투자를 실행할 때 생각했던 목표 수익률이 30% 였다면 30%에 도달하기 직전 매수의 근거를 다시 한번 점검해 봐야 한다. 매수할 당시 생각했던 것보다 해당 기업의 펀더멘털이 더 좋아졌다면 좀 더 보유할 필요가 있다. 하지만 목표 수익률에 도달한 기업보다 훨씬 좋은 투자 대상을 찾았다면 차익을 실현한 후 더 나은 기업에 투자하면 된다. 즉, 투자 판단을 내릴 때에는 더 좋은 대안이 있는가를 생각해 보는 것이다. 더 나은 대안이 있다면 그 대안으로 일부 혹은 전부를 옮기면 된다. 이때에도 선별해 놓은 투자 대상이 정리되어 있어야 한다는 점과 자신만의 판단 기준이 있어야 한다는 점이 중요하다.

주식 투자 원칙과 실행 방법

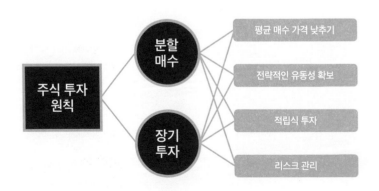

III

간접 투자 3가지 방법
- 일임, 액티브 펀드
패시브 펀드

간접 투자의 방법

흔히 주식 투자는 자신이 직접 하는 것이라고 생각한다. 그러나 간접적으로 주식에 투자하는 방법도 있다. 간접 주식 투자 방법은 위탁하거나 일임하는 방법, 액티브 펀드Active Fund를 활용하는 방법, 패시브 펀드Passive Fund를 활용하는 방법이 있다.

위탁(일임)하는 방법

주식 투자를 위탁하거나 일임하는 방법은 금융 회사가 고객으로부터 어디에 어떻게 투자할 것인가를 일괄적으로 위임을 받아 투자자의 개별 계좌별로 대신해서 운용해 주는 것이다. 이 방법으로 운용할 경우 투자 자금 운용과 계좌 관리에 대한 수수료가 발생할 수 있다. 위탁이나 일임을 의뢰한 사람의 개별 계좌별로 운용되기 때문에 운용 현황을 실시간으로 직접 조회할 수 있다.

위탁이나 일임은 계약을 통해서 이루어진다. 증권사 랩계좌Wrap account를 활용하거나 자산 운용사 등에 일임하는 방안 등이 있다. 이러한 형태의 주식 투자는 거래 횟수가 늘어나더라도 거래 수수료가 늘어나지 않고 계좌 관리 수수료로 고정되는 효과가 있다. 또한 자금 운용 성과에 따라 성과 보수를 인센티브로 지급할 수도 있다. 목표 수익률을 초과하는 경우 초과 성과에 일정 정도의 성과 보수를 지급하는 경우가 많다. 예를 들어 설명해 보면 투자원금 1,000만 원, 목표 수익률은 10%, 성과 보수는 목표 수익률 초과분의 10%인 경우를 생각해보자. 투자 결과 실제 수익률이 15%를 기록하였다면 150만 원의 수익이 발생한 것이다. 초과 수익률 5%(50만 원)에 대해 10%의 성과 보수, 즉 투자 금액의 0.5%(5만 원)를 성과보수로 지급하게 된다. 위탁 운용을 담당한 금융 회사는 운용수수료에다 성과 보수를 추가로 받게 되는 것이다.

자산 관리자나 펀드 매니저의 지식을 활용하고 그 대가를 지급
위탁이나 일임하여 투자하는 경우 자산 관리자나 펀드 매니저의 투자 노하우를 활용하면서 그에 상승하는 보수를 지급하게 된다.

위탁이나 일임을 했다고 가만히 수익을 내주기만 기다리는 것은 아니다. 직접 투자하는 것보다는 시간이나 노력이 적게 들겠지만 어느 정도의 관리 노력은 해야 한다. 정기적으로 매매 상황 등을 모니터링하여 위탁 운용을 담당하고 있는 대리인의 도덕적 해이나 향후 발생할 수 있는 다양한 문제 발생 가능성을 줄일 필요가 있다. 위탁하거나 일임하는 경우에도 자신만의 판단 기준을 가지고 있어야 하는 것이다. 자신만의 판단 기준, 주식 투자에 대한 관심 정도에 따라 위탁이나 일임 운용을 담당하는 운용 전문가의 투자 방법론 등을 배울 수도 있다.

액티브 펀드를 활용하는 방법

액티브 펀드는 시장 수익률을 초과하는 수익을 올리기 위해 펀드 매니저들이 적극적으로 운용전략을 펼치는 펀드이다. 적극적으로 펀드를 운용하기 때문에 운용보수나 수수료가 패시브 펀드보다 높다. 주로 주식 시장이 강세일 때 운용 성과가 좋을 수 있지만 펀드 매니저에 따라 수익률의 편차가 클 수도 있다.

펀드 매니저에 따라 수익률 편차가 클 수 있음

그동안 주식 시장에서 리서치 업무와 자산 관리 업무를 수행하는 과정에서 여러 액티브 펀드를 운용하는 펀드 매니저를 만나 보았다. 펀드 매니저 중에는 강세장에서 두각을 나타내는 사람도 있고 주식 시장 상황과 별개로 꾸준하게 안정적인 수익률을 기록하는 사람도 있다. 후자의 경우는 강세장에 상대적으로 수익률이 높지 않지만 주식 시장의 변동성이 커지는 국면에서는 상대적으로 좋은 성과를 기록하는 경향이 있다. 반면에 전자는 강세장에는 엄청난 성과를 기록하지만 변동성이 커지는 국면에서는 상대적으로 좋지 않은 성과를 기록하기도 한다. 액티브 펀드는 펀드를 운용하는 펀드 매니저의 역량에 좌우되는 경향이 있는 것이다.

과거나 분위기에 현혹되지 말자

액티브 펀드를 이용하는 경우는 주식에 간접 투자하는 방식인데 여기서 주의해야 할 것은 과거나 분위기에 현혹되어서는 안 된다는 것이다. "어떤 펀드의 최근 수익률이 좋다", "특정한 펀드로 자금이 지속적으로 유입되고 있다", "아주 유명한 인물이 가입한 펀드이다"와 같은 뉴스나 정보들을 어렵지 않게 접할 수 있다. 이런 내용의 공통점은 과거 지향적이라는 것이다. 과거는 과거일 뿐이므로 그냥 참고하는 정도로 받아들이면 된다. 지금까지 펀드 수익률이 좋았다고 해서 앞으로도 수익률이 계속 좋을 것이라고 보기는 어렵다. 저명한 분이 가입한 펀드라고 앞으로 수익률이 좋아질 것이라고 할 수는 없다. 지금까지 펀드 운용을 잘 해 왔던 펀드 매니저가 이직 등으로 다른 펀드 매니저로 변경되었을 때 지금까지 양호했던 수익률이 유지될 수도 있지만 하락할 수도 있다.

결국 과거가 미래를 완전하게 보장해 주지 않는다는 것이다. 우리가 본질적으로 봐야 하는 것은 펀드에 투자한 이후의 수익률이다. 이를 위해서 체크해야 하는 것은 액티브 펀드가 어떠한 개념이나 원칙으로 운용되고 있고 그 개념이나 원칙이 잘 지켜져 왔는지, 그 결과 펀드 운용 성과가 양호했는지 혹은 앞으로 성과가 양호할 것인지 등을 생각해 보아야 한다. 이러한 것들을 판단하는 데에도 자신의 판단 기준이 중요한 역할을 하게 될 것이다.

패시브 펀드(인덱스 펀드)를 활용하는 방법

특정 주가 지수 상승률만큼 수익률 추구

패시브 펀드는 특정 주가 지수를 구성하는 종목들을 펀드에 담아 그 지수 상승률만큼의 수익률을 추구하는 펀드이다. 특정 지수 수익률을 목표로 하기 때문에 인덱스 펀드Index fund라고도 한다. 기계적으로 편입된 종목을 사고 파는 형태로 펀드를 운용하기 때문에 액티브 펀드에 비해 운용보수나 수수료가 낮다. 펀드 매니저의 개별 판단이 배제되기 때문에 펀드 매니저별로 발생할 수 있는 리스크가 거의 없다.

인덱스 펀드는 시장의 장기적 성장 추세에 맞춰 펀드 수익률을 주가 지수 수익률 변동과 연동시킴으로써 주가 지수 수익률만큼 펀드의 수익률을 실현시키는 것을 운용 목표로 하고 있다. 주식 시장에는 다양한 형태의 지수index가 존재하고 이를 따르도록 인덱스 펀드를 설계하게 된다. 주식 시장의 지수(인덱스)는 코스피, 코스피200, 코스닥, 코스닥150 등 흔하게 접할 수 있는 것들이 있다. 또한 반도체 지수, 운송업 지수 등과 같이 업종별 지수도 있다. 한국 주식 시장에만 지수가 있는 것이 아니고 글로벌하게도 MSCI, FTSE, DAX지수, 각 시장별로 업종, 테마 지수 등 수많은 지수가 만들어져 있다.

펀드 매니저의 운용 개입 최소화

인덱스 펀드는 이미 결정된 배분 비율대로 투자가 이루어지기 때문에 펀드 매니저의 운용 개입이 최소화된다. 펀드 매니저의 판단에 대한 의존도가 낮기 때문에 이미 설정되어 있는 운용 의도에서 크게 벗어나지 않게 된다. 또한 정기적으로 편입 종목, 편입 비중 등을 변경하는 과정을 거쳐서 기존의 운용 취지나 목표에 부합하게 한다. 이를 리밸런싱re-balancing이나 편입 비중 조정이라고 한다. 지수에 편입된 종목들의 시가 총액이나 펀더멘털 등이 변화하기 때문에 정기적인 리밸런싱을 실시하는 것이다. 특정 지수를 추종하기 때문에 보수적이고 방어적인 성격을 갖는 펀드라고 할 수 있다. 이러한 인덱스 펀드를 주식 시장에 상장시킨 것을 상장 지수 펀드ETF라고 한다.

IV

하이브리드형 투자, ETF

상장 지수 펀드(ETF)

앞에서 언급했듯이 인덱스 펀드를 주식 시장에 상장시킨 것을 ETF라고 한다. ETF는 약자의 형태로 주로 사용하는데 영문으로 풀어서 기술하면 'Exchange Traded Fund'이다. 공식적으로 한국어로 번역된 명칭은 '상장 지수 펀드'다. 인덱스 펀드를 주식 시장에서 사고 팔 수 있도록 만들어진 것이다. 직접 투자하는 방법과 간접 투자하는 방법이 혼합되어 있다고 할 수 있어서 하이브리드형 주식 투자라고도 할 수 있다.

환금성 개선, 개별 주식 리스크 축소, 다양한 투자 가능

주식 시장에서 거래할 수 있기 때문에 펀드 환매 신청 시점과 현금화되는 시점이 일치하게 된다. 기존 펀드에서는 환매 신청 시점과 실제 환매가 이루어지는 시점 간 차이가 발행하는데 이 과정에서 가격 변동이 발생할 수 있다. 예를 들어 환매 신청한 날 펀드 순자산이 100만 원이었지만 실제 환매가 이루어지는 기간 중 펀드에 편입되어 있는 주식의 가격(주가)이 하락하게 되면 실제 수령하는 금액은 100만 원보다 적은 금액이 된다. 이러한 시점 불일치 문제가 ETF에서는 발생하지 않게 된다. 환금성이 뛰어난 펀드라고 할 수 있다.

또한 집합해서 투자되기 때문에 수급적인 요인이나 개별 주식 관련 이슈 발생에 따른 가격 변동 리스크가 크지 않을 수 있다. 개별 기업의 주식은 해당 기업에 특수한 이슈가 발생할 경우 주가가 큰 폭으로 변동할 수 있다. 생산 공장에 화재가 발생하거나 주식을 보유하고 있던 최대 주주가 갑자기 주식을 매각하는 경우 해당 기업의 주가는 큰 폭으로 하락할 수 있다. 개별 기업 주식에 투자한 투자자는 사전에 예측이 안되는 이슈가 발생할 때 가격 변동 리스크에서 자유롭지 못할 것이다.

그러나 ETF는 어느 한 기업에 투자하지 않았고 여러 기업에 분산해서 투자된 펀드가 상장된 것이기 때문에 개별 기업 이슈에 따른 가격 변동 리스크가 크지 않을 것이다.

개인이 분산 투자를 하기에 유용한 투자 수단 등장

글로벌하게 보면 다양한 형태의 ETF가 여러 국가의 주식 시장에 상장되어 있다. 국가별, 테마별로 다양한 ETF가 상장되어 있어 적절하게 조합을 함으로써 전략적인 분산 투자가 가능하게 된 것이다. 특히 기관 투자자가 아닌 개인 투자자도 분산 투자를 할 수 있는 수단이 등장했다는 점이 혁신적이라고 생각할 수 있다. 펀드 투자의 역사를 둘로 나눈다면 ETF가 있기 전과 후로 나눌 수 있다는 말이 있을 정도로 신개념의 투자 수단이 등장한 것이다.

특히 ETF 종류가 다양해지면서 훨씬 유용한 투자 수단이 되어가고 있다. 다양한 ETF가 없었을 때에는 투자 자금 규모가 크지 않은 개인 투자자 입장에서는 전략적으로 분산 투자를 하기 어려웠다. 개별 종목으로 전략적인 분산 투자를 하려면 여러 종목을 편입해야 하는데 자금의 규모나 관리 능력이 부족하기 때문에 접근하기 어려웠다. 하지만 다양한 ETF의 등장으로 전략적인 자산 배분에 개인 투자자가 접근할 수 있게 되었다.

만약 글로벌 바이오 업종에 투자한다면 여러 특정 기업을 매수하지 않고 미국 바이오, 중국 바이오, 글로벌 바이오를 하나씩 사면 글로벌 바이오산업 전체에 투자하는 효과를 기대할 수 있을 것이다. 3종목으로 글로벌 바이오산업에 투자할 수 있게 된 것이다.

리스크 관리
'아는 게 힘, 모르는 게 약'

주식 매수 단계의 리스크 관리: 분산 투자

몰빵 투자의 위험을 줄이는 방법

직접 투자를 하거나 간접 투자를 할 때 중요한 것은 한꺼번에 투자하는 것은 바람직하지 않다는 것이다. 한 종목에 투자 자금을 한꺼번에 투자할 경우 주가가 큰 폭으로 하락하는 리스크 요인이 발생했을 때 손실 규모가 커질 수 있다. 그러나 여러 종목에 분산해서 투자할 경우 한 종목에서 발생하는 리스크 요인에 따른 손실 규모는 전체 투자 자금 대비 크지 않을 것이다. 리스크가 발생하지 않은 종목의 주가가 상승할 경우 손실 규모가 줄어 들거나 오히려 수익이 발생할 수도 있다. 분산해서 투자하는 것이 중요한 이유이다.

시간의 분산과 투자 대상의 분산

분산 투자는 시간적으로 분산 투자하는 것과 투자 대상을 분산하는 것으로 구분해 볼 수 있다. 시간적으로 분산 투자하는 것을 적립식으로 투자한다고 할 수 있다. 투자 대상을 분산하는 것을 포트폴리오를 구성해서 투자한다고 할 수 있다.

투자 경험이 많지 않은 초보 주식 투자자는 본인이 적절한 투자 실행 시점을 찾기 어려울 수 있다. 이때 시간적으로 분산 투자하는 것이 필요하다. 시간적으로 분산 투자하는 것은 주식을 매수하는 단계에서 필요하다고 할 수 있다. 주식을 매수할 때는 투자자금을 나누어서 매수하고 매도할 때에도 단계별로 매도할 필요가 있다. 앞에서도 언급했듯이 평균의 개념을 생각해 보면 될 것이다.

시간적인 분산 투자를 다른 측면에서는 적립식 투자를 생각해 볼 수 있다. 적립식 투자는 주식 투자를 적금 형태로 하는 것이다. 주식 투자를 위한 목돈 마련이 충분히 이루어지지 않았을 때에는 벌어들이는 수입의 일부를 꾸준히 적립하는 투자 방법을 적극적으로 생각해 볼 필요가 있다. 장기적으로 상승할 것으로 예상되는 경쟁력 있는 기업의 주식을 매달 적립식으로 매수할 수도 있고 성장형 테마 ETF나 장기 성장이 예상되는 국가를 대표하는 ETF를 매달 꾸준히 매수할 수도 있을 것이다. 적립식 투자는 사회 초년병들에 권장할만한 투자 방법이라고 할 수 있다.

달걀은 한 바구니에 담지 말라

달걀은 한 바구니에 담지 말라는 투자 격언이 있다. 투자 대상을 한 종목이 아닌 여러 종목에 분산해서 투자해야 한다는 뜻이다. 이것이 리스크 관리의 시작이라고 할 수 있다. 한 가지 종목에 한 꺼번에 하는 투자, 일명 몰빵 투자는 특정 종목의 리스크가 불거지게 되면 리스크를 피할 수 있는 방법이 없게 된다. 그러나 서로 다른 리스크를 가지고 있는 종목에 분산해서 투자했다면 리스크가 분산되기 때문에 특정 종목의 리스크를 어느 정도 회피할 수 있게 된다.

리스크는 주식 시장 전체에 발생하는 리스크가 있고 특정 기업에만 발생하는 리스크가 있다. 주식 시장 전체에 발행하는 리스크는 경제 상황에 따른 리스크, 국가간 자금 이동 같은 수급적인 리스크가 있을 것이다. 정책이나 제도적인 측면에서 발생하는 리스크도 있을 것이다. 미 연준의 테이퍼링, 글로벌 경기 둔화, 코로나19, 미·중 무역 분쟁 발생 등이 이에 해당한다.

기업 고유의 리스크는 예상하지 못했던 실적 부진, 주요 경영진 관련 문제, 신제품 개발 지연, 유동성 문제 등 다양한 것들을 생각해 볼 수 있다. 이러한 리스크들은 실제 투자하기 전 투자 대상 품을 만드는 선별 과정에서 어느 정도 검토하겠지만 완벽하게 피할 수는 없으므로 분산 투자가 가장 중요한 방어 방법이라고 할 수 있다. 달걀을 한바구니에 담지 않는 분산 투자는 주식을 처음 시작하는 초보 투자자, 오랜 기간 주식 투자를 해 왔던 베테랑 투자자 모두에게 중요한 원칙이라고 할 수 있다. 미국 엔론의 회계 부정 사건, 미국 테라노스, 니콜라의 사기 사건 등이 기업 고유 리스크가 발생한 대표적인 사례라고 할 수 있다.

아는 게 힘

가장 중요한 리스크 관리는 분산해서 투자하는 것인데 이는 투자 자금으로 주식을 매수하는 단계에서 생각해야 하는 것이다. 주식을 매수한 이후 발생할 수 있는 리스크를 관리하는 것을 한마디로 '아는 게 힘'이라고 할 수 있다.

리스크 관리는 리스크를 회피하는 것이 아니라 리스크를 적정한 수준에서 관리하는 것이다. 리스크를 회피하려면 주식 투자를 하지 않는 것이 최선의 방법이다. 주식 투자를 하겠다면 리스크를 최대한 줄이기 위해 노력해야 할 것이고 이러한 노력은 리스크를 관리하는 데 필요한 지식을 지속적으로 습득하는 것이다. 결국 아는 것이 힘이 되는 것이다.

간접 경험을 활용

이를 위해서는 첫째, 간접 경험을 활용해야 할 것이다. 간접 경험 중에서 활용도가 높은 것이 투자 구루들의 경험을 읽고 생각해 보는 것이다. 일방적으로 투자 구루들의 투자 방법을 일방적으로 따르는 것이 아니라 구루들의 본질적인 생각을 이해하고 현실에 접목해 보는 것이다. 즉, 자신이나 현실에 맞게 응용해 보는 것이다. 단순한 복제보다는 발전된 형태라고 힐 수 있다.

주식 투자 구루들과 관련된 이야기는 쉽게 접할 수 있다. 인터넷 검색, SNS, 여러 서적 등에서 많은 내용들을 찾아볼 수 있다. 그런데 우려되는 것이 한 가지 있다. 주식 투자 구루들의 생각이 전달되는 과정에서 피상적인 겉모양만 전달되는 것이 아닌가 하는 우려이다.

역사를 들여다볼 때 역사책에 언급되어 있는 글자에만 집착해서 역사를 보면 역사를 왜곡해서 볼 가능성도 있는 것이다. 옛 성현의 가르침도 너무 자구 해석에 몰입하다 보면 극단적인 결과가 나타났었던 경우를 볼 수 있다. 결국은 주식 투자의 구루들의 이야기를 배우기 위해서는 자신의 투자 원칙으로 체화 할 수 있는 능력이 더 중요한 것으로 자신이 이해하고 받아들이기 쉬운 것부터 적극적으로 수용할 필요가 있다.

꾸준한 공부

둘째, 꾸준하게 지식을 배우려는 노력을 해야 할 것이다. 최근 들어 지식을 습득할 수 있는 방법이 다양해지고 있다. 과거에는 새로운 지식은 책이나 언론 기사 등 활자화된 것에서 주로 습득할 수 있었다. 하지만 최근에는 유튜브 등 다양한 영상 매체로까지 지식을 접할 수 있는 수단이 확대되고 있다. 다양한 경로로 새로운 것을 배울 수 있다 보니 배우는 능력보다는 걸러내는 능력이 더 중요해지고 있다. 이때 필요한 것이 자기 자신의 판단 기준이다. 어떠한 지식도 자신의 기준이 없이 받아들이게 되면 오히려 독이 될 수 있다는 것을 잊지 말아야 한다.

유연하고 열린 자세

셋째, 항상 유연하고 열린 자세를 유지해야 한다. 새로운 것을 배우거나 익힐 때는 선입견이나 고정관념을 버려야 한다. 과거의 기억을 너무 강하게 가지고 있으면 새로운 지식을 익히는데 많은 제약이 따를 수 있다. 특히 4차 산업 혁명과 같은 아주 큰 변화의 흐름이 진행되고 있는 국면에서는 최대한 제약을 가지지 않고 다양한 생각과 다양한 지식에 관심을 가져야 한다. 어느 한 분야의 전문가보다는 여러 분야를 잘 아는 사람이 필요해지고 있다. 아주 큰 변화의 흐름이 진행되고 있는 국면에서는 박학다식해야 여러 분야를 연결하고 융합할 수 있는 사고를 가질 수 있기 때문이다.

모르는 게 약

지금까지는 주식 투자 실행 리스크를 줄이는 데 있어서 많은 것을 알아야 한다고 이야기하였다. 하지만 리스크 관리에서는 모르는 게 약이 될 수도 있다. 아는 게 힘이라는 말과 상충되는 것처럼 보이지만 다음의 설명을 들어보면 상호 보완적인 개념이라는 의미를 이해할 수 있을 것이다.

모든 것을 다 알 필요는 없다

첫째, 모든 것을 다 알 필요는 없다는 것이다. 방금 앞에서 이야기했던 박학다식해야 한다는 말과 상충되어 보이지만 실제로는 모든 지식을 다 받아들여야 하는 게 아니라는 것을 의미한다. 모든 지식은 비판적으로 받아들여야 확고한 자신의 지식이 된다는 것이다. 잘못된 지식이나 편향된 지식은 애초부터 배우지 않아도 될 것이다. 최근 대두되고 있는 반지성주의anti-intellectualism라는 것도 수많은 정보나 지식이 다양한 매체를 통해 무비판적으로 받아들여지는 과정에서 태동하게 되었다고 할 수 있다. 코로나19와 관련한 음모론, 백신과 관련된 음모론에 기반한 백신 접종 거부 움직임 등도 반지성주의와 관련되어 있는 것이다. 이러한 정보나 지식은 모르는 것이 약이 될 것이다. 모르는 것이 약이 되려면 주변에서 접하는 정보를 비판적으로 수용하는 자세가 중요할 것이다.

과거를 다 알 필요는 없다

둘째, 과거를 다 알 필요가 없다는 것이다. 자신의 과거 투자 성공 경험을 다시 한번 생각해보거나 과거 훌륭했던 투자 성공 사례들을 간접적으로 경험해 보는 것은 좋다. 하지만 과거 사례에 너무 몰입해서는 안 될 것이다. 과거를 받아들일 때에도 비판적인 사고가 필요하다. 과거의 사례에서 근간이 되는 생각이나 철학을 배우는 것이 중요하다.

온고지신溫故知新이라는 말처럼 옛것을 통해 새로운 것을 배운다는 말이 있다. 과거 사례를 비판적으로 받아들여야 한다는 것으로 필자는 이해하고 있다. 제대로 알지 못하는 과거는 모르는 게 약이 될 수 있다.

과거 우리가 알고 있었던 가치주Value stock는 상대적으로 밸류에이션이 낮은 주식이었다면 최근에는 지속적으로 성장하는 주식이 가치주라고 할 수 있게 되었다. 혁신을 기반으로 성장하게 되면서 해당 기업의 가치가 계속 높아지고 있기 때문이다. 기업 가치가 상승하는 속도를 주가 상승 속도가 따라가지 못하는 현상이 나타날 수 있는 것이다. 세상은 자꾸 변하고 있어 리스크의 판단 기준도 변할 수 있을 것이다.

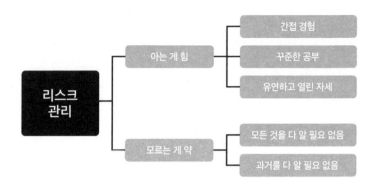

리스크 관리의 Key word

Part I을 마치면서

지금까지 주식 투자 초보자들에게 도움이 되기를 바라면서 지금 까지 필자가 경험했던 것들을 정리해 보았다. 새로운 내용도 있을 것이고 이미 알고 있는 내용도 있을 것이다. 새로운 것은 재미 있게 읽어 보고 이미 알고 있는 것은 다시 한번 되새기는 기회로 활용하기를 바란다.

Part I에서 주식에 투자하는 과정을 단계별로 나누어서 설명해 보았다는 것도 의미가 있다고 생각한다. 원래 주식 투자는 각 단계가 물 흐르듯이 이어지는 것이지만 각 단계에 대해 좀 더 명확 한 생각을 가지고 접근한다면 주식 투자라는 전체 과정의 성과도 좋아질 수 있을 것이다.

또한 편의상 단계별로 나누어서 설명하였지만 실제 투자를 하게 되면 4단계 Step이 상호 연관되어 있다는 것을 체험하게 될 것이다. 각 Step이 무한 반복되는 경우도 있고 경우에 따라서는 동시에 진행되기도 할 것이다. 주식 투자를 하면서도 지식을 꾸준히 쌓아가야 한다. 이를 활용해서 투자 대상을 선별하고 실제 주식 투자를 실행하며 리스크 관리에도 관심을 가져야 한다. 이러한 것들은 항상 신경 써야 하는 일상이다. 원칙을 알고 이를 반복하는 과정에서 자신만의 투자 기준이 만들어질 것이다. 경험이 축적되는 과정에서 자신만의 투자 기준을 되새기고 수정하는 것도 생활화 또는 습관화되어야 할 것이다.

Part II에서는 Part I에서 다루었던 내용 중 중요한 내용 중에서 좀 더 세부적인 설명이 필요한 것들을 정리하였고 Part I에서 설명했던 원칙적인 것들을 현실적으로 응용할 수 있도록 하였다. 이번 Part II를 통해 좀 더 기본에 충실한 주식 투자자가 될 수 있기를 바란다.

PART 2

——— ☸ ———

심화편

장기 투자의 모든 것

I

왜 장기 투자인가?

Step 5를 들어가며

Part I(Step 1)에서 주식 투자 초보자들은 데이 트레이더나 헤비 트레이더의 투자자 유형 보다는 장기 투자자의 길을 가는 것이 좋을 것이라는 이야기를 강조하였다. 이번 step 5에서는 이에 대해서 좀 더 구체적으로 이야기해 보려고 한다.

내용에 들어가기 전 단기 투자 보다는 장기 투자를 해야 하는 중요한 이유에 대해서 다시 한번 짚어 보고 가보자.

장기 투자를 해야 하는 이유

본업의 훼손을 방지하기 위해

장기 투자를 해야 하는 첫번째 이유는 주식 투자에 올인하지 않는다면 데이 트레이더나 헤비 트레이더와 같은 단기 투자자로서 성공하기는 쉽지 않기 때문이다. 단기 투자에 성공하기 위해서는 시시각각 변하는 주가 움직임을 살펴야 한다. 단기 투자로 어쩌다 수익이 발생할 수 있을지 모르지만 지속되지 못하는 경우가 많기 때문이다.

빈번하게 주식을 매수하고 매도하여 수익을 꾸준하게 거두려는 목적을 달성하기 위해서는 주식 시장에 대한 지속적인 관심과 매일매일의 주가 흐름 및 기사 등을 지켜보아야 한다. 그만큼 시간과 열정을 투입해야 할 것이므로 자신의 본업이 있다면 훼손될 가능성이 클 것이다.

결국 기존의 본업을 버리고 단기 주식 투자를 자신의 직업으로 다시 선택해야 하는 딜레마에 빠질 수 있다. 주가 움직임을 계속해서 지켜보면서 단기 투자를 하는 것이 직업이 되어야 본업의 훼손을 막을 수 있을 것이기 때문이다.

단기 투자의 시행착오를 줄이기 위해

둘째, 단기 투자에 전문성을 갖기 위해서는 상당기간 시행착오를 겪을 수밖에 없기 때문이다. 우리는 주식 시장에서 투자에 성공을 거둔 다양한 사례들을 쉽게 접할 수 있다. 주식 투자의 성공 사례가 마치 무용담처럼 회자되기도 한다. 이를 그대로 따라 해 보려는 사람들도 있다.

그 내용들을 보면 주식 트레이딩을 통해서 상당한 수익을 거두었다는 식의 내용이 많다. 데이 트레이딩을 통해 주식 투자에 성공하였다는 것인데 여기에는 자신만의 방법론know-how이 있다며 이를 시현하는 경우도 있다. 또한 과거 주식 투자로 막대한 손실을 봤는데 실패의 경험을 바탕으로 오랜 시간을 투자하여 손실을 보지 않는 트레이딩 기법을 발견하였다는 식의 내용도 있다. 큰 좌절을 통해 새로운 깨달음을 얻었다는 식의 스토리이므로 많은 사람들이 감동받으며 추종하는 경우도 있다.

주관적이거나 감정적인 부분을 배제하고 데이 트레이딩과 관련된 내용의 골자를 정리해 보면 두 가지 정도로 요약된다. 하나는 자신만의 트레이딩 방법론을 찾아 주식 투자에 성공하였다는 것이고 다른 하나는 성공에 이르는 과정에서 시간적, 금전적 손실을 크게 보았던 경험이 있는 경우가 많다는 것이다. 성공 신화를 제거하고 보면 그만큼 데이 트레이딩을 통해 주식 투자에 성공하기가 쉽지 않다는 것을 우회적으로 말해 준다고 하겠다.

주식 투자 성공 사례들을 보고 주식 투자를 해야겠다는 생각을 할 수 있다. 그런데 당장 돈을 벌고 싶다는 생각에서 주식 투자에 나서게 되면 아무래도 단기 트레이딩을 통한 주식 투자가 더 끌릴 수 있다. 마인드 세팅 과정에서 현실적이고 구체적인 목표를 설정해야 한다는 원칙과도 멀어질 수 있고 좀 더 극단적으로 말하면 투자가 아닌 투기가 될 수도 있다. 시간, 자본, 노력 등의 비용을 투입하는 과정 없이 단기 투자로 높은 수익을 거두기 어렵다는 것을 잊지 말아야 한다.

성공 확률을 높이기 위해

셋째, 경험적으로는 주식 투자에 성공한 사례를 보면 장기 투자를 한 경우가 많기 때문이다. 주식 투자 성공 사례들을 보면 장기간에 꾸준히 투자를 하여 평안한 노후의 기반을 만들 수 있었다는 내용이 많다. 단기 대박, 급등주 따라잡기 등의 말은 없다. 대부분 꾸준하게 장기 성장하는 주식에 투자하거나 미국 대표 기업들에 꾸준히 투자하여 좋은 성과를 기록하였다는 내용이다. 약간 평범해 보일 수 있는 내용이므로 폭발적인 관심을 끌기에는 부족한 면이 있다. 단기 투자에 성공한 경우는 화려해 보일 수 있지만 장기 투자에 성공한 경우는 화려해 보이지 않는다. 장기 투자보다는 단기 투자로 돈 버는 방법에 더 큰 관심이 갈 수밖에 없는 이유이다. 바로 앞에서 언급했던 것처럼 단기 투자로 주식 투자에 성공한 경우도 있지만 성공을 위해서 상당한 시간, 자본, 노력을 투입해야 했다는 것을 잊지 말아야 한다.

결국 일반적인 개인 투자자들은 자신의 본업이 있거나 전업 투자를 할 정도로 자금력이 크지 않은 경우가 많기 때문에 단기적인 주식 투자보다는 장기 투자자의 마인드를 가지고 주식 투자에 임하는 것이 합리적인 선택일 것이다.

10년 이상 보유할 주식이 아니면
10분도 투자하지 마라

우리가 잘 아는 투자의 구루guru인 워렌 버핏도 장기 투자의 중요성을 강조해 왔다. "10년 이상 보유할 주식이 아니면 10분도 투자하지 마라"는 유명한 투자 명언을 남길 만큼 지속적으로 장기 투자자의 길을 역설하고 있다. 전세계적으로 장기 투자자의 롤모델이라고 할 수 있는 분이니 그분이 하신 말씀들이나 실제 투자 사례들을 찾아보시면 주식 투자를 장기적으로 꾸준히 하는데 많은 도움이 될 것이다.

II

장기 투자자가 의미하는 것은?

주식을 오랜 기간 보유한 투자자?

장기 주식 투자자라고 하면 흔히들 어떤 주식에 오랜 기간 투자하는 투자자를 생각하게 된다. 이러한 생각의 근저에는 장기 주식 투자자를 단순하게 투자 기간이 긴 투자자라는 인식이 있는 것이다. 주식 시장에는 소위 '미필적 고의에 의해 장기 투자자가 되었다'라는 우스갯소리가 있는데 이를 잘 설명해 주고 있는 것 같다. 미필적 고의에 의한 장기 투자자는 어떤 주식에 단기 차익을 노리고 투자하였지만 예기치 못한 사유로 주가가 급락하면서 주가 회복을 기다릴 수밖에 없는 처지에 놓인 경우를 말한다. 별다른 생각 없이 장기간 주식을 보유하고 있는 것을 장기 투자자로 보는 것이다. 이는 장기 투자자를 글자 그대로만 해석한 것이다. 단순하게 장기간 주식을 보유하는 투자자는 장기 투자자라고 하기 보다 천수답 투자자라고 부르는 것이 적합해 보인다.

장기적인 시각을 가지고 주식에 투자하는 투자자

장기 투자자는 투자 판단을 할 때 장기적인 시각을 가지고 투자 하는 투자자를 의미한다. 장기적인 시각을 가지고 투자하기 때 문에 투자하기 전 여러 가지를 고려하게 될 것이다. 이에 따라 투 자 대상에 대한 정보를 꾸준하게 찾아보고 정리하게 될 것이다. 또한 발생할 수 있는 리스크에 대해서도 상당부분 파악하고 있어 야 할 것이다. 이를 위해서는 투자에 필요한 정보를 수집할 필요 가 있다. 요즘에는 과거처럼 정보 수집이 제한되어 이용할 수 있 는 정보가 너무 없다고 할만한 경우가 드물다. 오히려 너무 많은 정보가 넘쳐나고 있다는 것이 더 큰 문제라고 할 수 있다. 다양한 매체를 통해서 다양한 정보를 볼 수 있는데 넘쳐나는 정보 중에 는 잘못된 정보, 바람직하지 않은 정보, 사실을 왜곡하는 정보 등 이 있을 수 있기 때문이다. 따라서 정보를 얻는 능력보다는 정보 를 걸러내는 능력이 더 중요할 것이다. 정보를 걸러내는 필터는 자신만의 판단 기준이라고 할 수 있다. 투자를 장기적으로 할 거 라면 이 정도의 노력은 필요할 것이다.

III

CEO의 관점에서 기업을 평가해보자

진정한 장기 투자자가 되기 위한 노력

진정한 장기 투자자가 되기 위해서는 어떠한 노력이 필요할까? 여러 노력이 필요할 수 있다. 주식 투자 초보자를 위한 주식 투자 강의를 들어 볼 수도 있고 관련 서적을 열심히 읽어 보는 방법도 있을 것이다. 하지만 장기 투자자는 공식 자격증이 없다. 열심히 배우고 익혀야만 장기 투자자가 될 수 있는 것은 아니다. 또한 장기적인 시각으로 투자한다는 것도 추상적인 개념이라고 할 수 있다. 장기적인 시각은 도대체 어떠한 시각인지 쉽게 와 닿지 않을 수도 있을 것이다.

장기 투자자와 기업 CEO는 유사한 입장

장기 투자자가 되기 위한 방법을 쉽게 설명해 보면 기업을 경영하는 CEO(최고경영자^{Chief Executive Officer})의 입장이 되어 보라는 것이다. 기업의 CEO는 자신이 경영하는 기업이 지속적으로 성장하고 꾸준하게 이익을 늘려갈 수 있도록 노력할 것이다. 새로운 기술이나 사업에 투자하여 추가적인 성장이나 새로운 싱징의 기회를 찾으려고 할 것이고 경쟁력을 확보하려고 할 것이다. 주주 가치 제고에 노력하면서 기업의 성과와 비전을 공유하려 할 것이다. 시장과의 소통을 지속하여 향후 필요한 자금 조달에도 대비하는 노력도 기울일 것이다.

결국 이러한 CEO의 노력들은 경영하고 있는 기업의 계속 기업 가치를 높이기 위한 활동인 것이다. 계속 기업 가치는 기업의 경영 활동이 현재와 미래에 계속될 것이라는 전제 하에서 평가하는 기업의 가치로 청산 가치와는 상반된 개념이라고 할 수 있다. 기업가가 자신이 경영하는 사업이 장기적인 비전이 없고 장기적인 성장도 어려우며 손실만 발생하고 있고 향후 이익이 발생할 가능성도 없다고 예상된다면 해당 기업을 계속해서 유지할 이유가 없을 것이다. 즉, CEO는 계속적인 사업 영위가 가능하다는 전제 하에 기업의 가치를 높이려는 노력을 지속하는 것이다. 계속 기업 가치가 없다면 현재의 자원을 성장 가능성이 높은 곳으로 이전하여 사업을 지속하는 것이 합리적인 선택이 될 것이다. 장기 투자자라면 기업의 가치가 지속적으로 커질 수 있는 기업에 투자하려 할 것이다. 이러한 점은 CEO의 관점과도 일치하는 것으로 장기 투자자라면 CEO의 입장에서 기업을 살펴볼 필요가 있는 것이다.

주식 투자자가 CEO의 입장에서 기업을 본다는 것은 두 가지 관점에서 생각해 볼 수 있다. 주식 투자자 자신이 투자해 놓은 기업과 관련된 사안들을 해당 기업 CEO 입장에서 평가해 보는 것과 CEO라면 어떠한 관점에서 기업을 볼 것인가를 생각해 보는 것이다. 일종의 롤플레잉 시뮬레이션role playing simulation 같은 것이라고 생각해 볼 수 있을 것이다.

투자해 놓은 기업의 CEO가 되어 보는 경우

장기 성장과 기업 가치 제고 관점

자신이 투자해 놓은 A라는 기업이 있다면 A기업이 신규 투자를 하거나 자금 조달을 하는 이벤트가 발생했을 때 이벤트의 영향을 투자자 입장이 아니라 A기업의 CEO 입장에서 생각해 보는 것이다.

A라는 기업의 신규 투자 결정이 발표되면 주식 시장에서는 상

반된 반응이 나올 수 있다. 신규 투자가 장기적인 관점에서 새로운 먹거리를 찾기 위한 것이고 해당 기업 입장에서는 반드시 필요한 것이라는 생각에서 주가가 상승할 수 있을 것이다. 이와 달리 단기적인 증자 이슈나 자금 조달 비용 증가 등의 이슈로 주가가 하락할 수도 있을 것이다. 하지만 CEO 입장에서 생각해볼 때 장기 성장을 위해 불가피한 결정이었고 합당한 투자라고 판단되면 단기간의 주가 움직임에 크게 신경 쓰지 않아도 될 것이다.

또 다른 예를 들어보면 B라는 기업이 C라는 기업을 인수할 것이라는 발표를 하면서 인수 비용 마련을 위해서 B기업은 대규모 증자를 하겠다는 발표를 하였다고 하자. 투자자 입장이라면 대규모 증자에 의한 주가 희석 효과dilution effect가 발생하는 것이 불편할 수 있다. 대규모 증자를 하게 되면 주식 수가 늘어나는데 이때 기업 가치가 늘어나지 않는다면 주당 가치는 하락할 것이고 이로 인해 주가가 하락할 수 있기 때문이다.

그러나 CEO 입장이라면 주가 희석에 따른 주주 가치 훼손보다는 장기적인 관점에서 B기업의 가치가 높아질 수 있는가를 생각해 볼 것이다. 인수하게 될 C라는 기업이 B기업의 가치 증가에 필요한 기업인가를 생각해 보는 것이다. B기업의 가치를 높이는 데 필요한 기업을 인수하는 것이라면 희석 효과에 의한 주가 하락을 부정적으로만 볼 필요는 없을 것이며 오히려 희석 효과에 의해 주가가 하락할 경우 주식을 매수할 기회로 활용할 수도 있을 것이다.

CEO라면 어떤 생각을 할 것인가라는 관점에서 기업을 보는 경우

혁신가로서의 CEO

이러한 관점을 가져보는 것은 기존의 시각이 아닌 혁신가로서의 CEO 입장에서 기업을 평가해 보기 위해서이다. 전통적인 산업보다는 신성장 산업에 해당되는 기업을 평가할 때 적합한 방법이라고 할 수 있다. 전통적인 산업에 속해있는 기업을 보는 관점은 이미 고착화되어 있을 가능성이 클 것이다. 하지만 신성장 산업과 관련된 기업들은 기존의 틀에서 벗어나려는 노력에서 출발하는 경우가 많을 것이므로 기업을 보는 관점을 새롭게 만들어 갈 가능성이 클 것이다.

다른 관점, 새로운 관점에서 접근할 필요가 있는 것이다. 전통적인 산업에 해당되는 기업이라도 신성장 산업 영역으로 새롭게 진출할 때에는 새로운 관점에서 접근해 볼 필요가 있다. 이때에는 투자자의 관점보다는 CEO 관점에서 투자 대상을 살펴보는 것이 새로운 변화에 대응하는 방법이 될 수 있을 것이다.

성장 가능성이 높아지는 기업을 보는 능력

예를 들면 플랫폼 기업의 CEO는 초기 매출을 전부 투자에 사용하는 결정을 내릴 수 있다. 전통적인 기업이라면 매출액의 일부는 투자하고 일부는 비용으로 쓰고 나머지는 기업 내부에 유보하는 결정을 내릴 것이다. 그러나 플랫폼 기업의 경우 플랫폼의 경쟁력 강화가 중요하기 때문에 선택과 집중을 통해 과감한 투자를 결정할 수 있는 것이다. 초기에 시장 점유율을 높이지 않으면 플랫폼 기업의 생존력이 떨어질 수도 있다. 또한 기술적 우위를 점하기 위한 노력도 지속해야 할 것이다. 이를 위해 제한된 자원을 가장 중요한 곳에 집중적으로 투입하게 되는 것이다.

　주식 투자자 입장에서는 기업의 이익이 나지 않으면 주가 안정성이 떨어질 수 있고 배당도 기대하기 어려울 것이기 때문에 해당 기업에 선뜻 투자하지 못할 수 있다. CEO 입장이 아니라면 장기 성장 가능성이 높아지고 있는 기업에 투자하기 어려울 수 있다.

기업 가치를 높이는 이종(異種) 투자

또 다른 예는 유통업에 종사하는 기업이 인공지능과 로봇 관련 기업을 대규모 자금을 들여 인수한다고 한다. 현재 해당 유통 기업의 핵심 사업은 유통업인데 인공지능과 로봇 기업을 인수한다고 하면 그 의도를 정확하게 파악하기 어려울 것이다. 인수합병 M&A이 진행되는 중에는 통상 비밀 보호 협약을 맺기 때문에 구체적인 사항을 공개하지 못할 수 있다. 따라서 주식 시장 참여자, 투자자 등은 어떠한 의도로 기업 인수를 하려고 하는지를 모를 수 있다.

하지만 해당 유통 기업의 CEO 입장에서 생각해 본다면 어느 정도 이해할 수 있을 것이다. 인공지능과 로봇 기업을 인수하여 물류 시스템을 개선시키고 효율성을 높일 수 있다면 기업 가치는 크게 높아질 수 있기 때문이다. 요즘은 통섭, 융합이라는 개념이 흔한 것이지만 산업간 융합이 나타나던 초기에는 혁신적인 시도 였던 것이다. 이러한 시도는 혁신가로서의 기업가인 CEO의 입장이 되어 보지 않고는 이해할 수 없고 당연히 투자 대상이라는 생각도 해 볼 수도 없을 것이다.

CEO의 관점, 당장의 실적 보다는 가능성을 보는 투자

이러한 변화는 결국에는 플랫폼 기업의 전성시대로 이어졌고 물류 시스템 개선이 광범위하게 이루어져 소비자 편익이 증가하고 거대한 유통 기업이 탄생하게 되었다. 또한 이들 기업에 장기 투자한 투자자들은 많은 투자 수익을 거둘 수 있게 되었다. 만약 주식 투자자가 CEO 관점에서 플랫폼 기업을 살펴보았다면 배당금이나 실적보다는 해당 산업의 성장 가능성, 설비 투자의 중요성, 산업간 융합을 통한 효율성 증가 등으로 생각을 확장할 수 있었을 것이다. 당장의 기업 실적 보다는 가능성에 투자하는 CEO 입장에서의 판단과 행동이 중요했던 것이다.

신설 기업이나 벤처 기업을 보는 능력

신설 기업이나 벤처 기업을 볼 때에도 CEO 입장이 되어 보는 것이 도움이 될 수 있다. 신설 기업이나 벤처 기업은 축적해 놓은 실적이 별로 없기 때문에 기업측에서 제공하는 정보를 보고 투자 판단을 내릴 수밖에 없는 경우가 많다. 새로운 기술이 현실성이 있는지, 제품화가 가능할 것인지, 제품화할 경우 상업성은 있는지 등을 면밀히 살펴야 하지만 정보의 출처는 해당 기업인 것이다. 신생 기업이나 벤처 기업의 미래 비전은 어떻게 보면 꿈과 희망을 주는 판타지 소설이나 SF소설이 될 수도 있는 것이다.

이러한 기업을 살펴볼 때에는 기존의 기업을 보는 방법은 적용하기 어려울 것이다. 이때에는 내가 한 기업을 경영하는 CEO라면 어떤 신생 기업이나 벤처 기업에 투자할 것인가라는 생각을 해 보는 것이 필요하다. 기업을 경영하는 경영자라는 관점이나 생각을 바탕으로 실제적인 것들을 검토해 볼 수 있다. 생산화 가능성, 상업성, 현실성 등을 기업 경영 경험에 입각해서 생각해 봄으로써 투자할 대상이 될 것인가, 투자한다면 어떠한 관점에서 투자해야 하는가 등을 결정할 수 있을 것이다.

IV

경쟁력 관점에서 기업을 보자

경쟁력 관점에서 기업을 바라보기

Step 3에서 바텀업 접근 방법에 좀 더 쉽게 접근하기 위해서는 경쟁력 관점에서 기업을 볼 필요가 있다는 내용의 이야기를 하였다. 장기 투자자 관점에서도 기업을 경쟁력 관점에서 보는 것이 중요할 것이다. 기업을 경쟁력 관점에서 보아야 하는 것은 경쟁력이 높은 기업은 해당 산업의 성장을 주도하고 있을 가능성이 높기 때문이다. 물론 해당 산업이 장기 성장하는 산업이라는 전제가 필요하겠지만 그렇지 않은 산업 내에서도 다른 기업을 압도하는 경쟁력을 보유하고 있다면 장기 투자 대상으로 선별할 수 있을 것이다.

경쟁력 있는 기업은 변화를 주도하고 꾸준히 혁신하는 기업

경쟁력 있는 기업은 해당 산업의 변화를 주도하고 있기 때문에 시장을 과점하고 있을 가능성이 크다. 꾸준히 혁신하는 기업의 경우에는 혁신을 무기로 새로운 시장 형성을 주도하는 경우가 많기 때문에 자연스럽게 시장을 과점 할 수 있게 된다. 통상 우리는 과점은 공정하지 못한 방법으로 다른 기업의 진입을 막거나 퇴출시키는 경우라고 인식한다. 하지만 혁신 기업의 경우는 자연스럽게 시장을 과점할 수 있는 것이다.

이러한 기업은 시간이 지나면서 과점의 강도가 점차 완화될 수 있다. 새롭게 형성되는 산업이나 시장이 등장하게 되면 점차 다른 기업들도 진입을 시도할 것이기 때문이다. 이 경우에도 선점 효과나 규모의 경제로 시장 점유율이 빠르게 훼손되지 않을 수 있다. 그러나 혁신을 멈추게 되면 경쟁력을 유지하기 어려워 기업 가치는 하락할 가능성이 커진다.

경쟁력 관점에서 투자 대상 기업 선정하기

경쟁력 관점에서 투자 대상 기업을 선정하는 것을 예를 들어 설명해 보겠다. 장기적으로 전기를 생산하는 방법이 석탄 발전에서

탄소가 발생하지 않는 친환경 발전으로 바뀌고 있다. 석탄 발전과 관련된 산업은 장기적으로 성장하는 산업이 아니라 친환경 발전이 장기 성장 산업이 될 것이라는 예상이 가능하다. 친환경 발전이 성장할 것이라고 판단되면 친환경 발전과 관련된 기업 중 경쟁력이 높은 기업을 투자 대상으로 선별하면 된다.

새롭게 투자되고 수많은 연관 산업이나 기업들이 있기 때문에 그 단계에 맞춰 경쟁력 있는 기업들을 선별할 수도 있다. 장기적으로 진행될 변화라면 국면별로 경쟁력 있는 기업이 달라질 수도 있을 것이다. 여러 가지 생각들을 조합하여 투자 대상을 선별할 수 있겠지만 가장 중요한 판단 기준은 투자 대상 기업의 경쟁력이라고 할 수 있다.

신성장 산업이나 기업을 볼 때에도 장기 투자자라면 기업의 경쟁력 관점에서 접근해야 할 것이다. 하지만 신성장 산업 내에서 투자 대상 기업을 제대로 선정한다는 것은 어려운 일이 될 것이다. 객관적인 재무 정보를 이용해서 혁신 기업, 신성장 기업 등을 선별해 내기가 쉽지 않을 것이기 때문이다. 객관적인 재무 정보를 이용해서 기업의 상황을 분석하는 것은 과거 실적들과의 비교를 통해서 할 수 있다. 하지만 신성장 산업 내에 있는 기업은 새롭게 태동하는 분야에 있기 때문에 과거 실적을 갖추고 있지 못하고 있는 경우가 많다. 따라서 향후 실적 전망도 하기 어려울 것이다.

CEO 관점에서 경쟁력 있는 기업 생각해 보기

이때 필요한 것이 앞에서 설명했던 것처럼 기업을 경영하는 CEO
의 관점에서 기업을 보는 것이다. 기존의 분석틀에서는 기업의
재무 정보를 가지고 경쟁력 있는 기업을 찾을 수 있다. 시장점유
율이 높고 성장이 지속되는 가운데 수익성도 어느 정도 유지되고
있는 기업을 찾으면 될 것이다.

그러나 혁신 기업이나 신성장 기업의 경우 재무 정보를 통해
경쟁력 있는 기업을 찾기가 상당히 어려울 것이다. 혁신하고 있
는 기업일수록 현재까지보다는 미래의 모습이 더 중요할 것이다.
재무 정보는 현재까지의 모습을 보여주고 미래의 모습을 보여주
지는 못한다. 단지 예측의 영역이고 판단의 영역인 것이다. 이때
필요한 것이 앞에서 언급했듯이 기업을 경영하는 CEO의 입장에
서 생각해 보는 것이다. 현실적으로는 쉽게 적용하기 어렵겠지만
CEO의 입장에서 생각해 보는 시도를 해 보는 것은 간접 경험을
쌓는 것이라고 할 수 있다. 간접 경험은 책이나 다른 매체를 통해
서만 할 수 있는 것은 아니라는 생각이다.

V

꾸준히 혁신하는
기업을 선택하자

혁신적인 기업가와 조직이 있는 기업

그럼 경쟁력 있는 기업을 찾는 방법에 대해서 생각해 볼 필요가 있다. 단순하게 생각하면 어느 한 시장을 상당한 정도로 점유하고 있는 기업, 상당히 높은 수준의 기술력을 보유하고 있는 기업, 자연스럽게 형성된 독과점 기업 등 여러 가지 방향으로 생각해 볼 수 있다. 사람마다 다양한 의견과 생각들이 제시될 수 있다. 어쩌면 경쟁력 있는 기업이라고 할 때 다소 추상적인 개념일 수도 있기 때문이다. 하지만 앞부분에서 기업가인 CEO 관점에서 보면 경쟁력 있는 기업을 찾는 데 도움이 될 것이라고 하였던 점을 생각해 보면 어느 정도 답을 찾을 수 있을 것이다.

먼저 기업가에 대해서 생각해 보자. 기업가는 자신이 경영하는 기업이 이윤을 창출하도록 하고 그 이윤을 통해 사회적 책임을 다 할 수 있도록 하는 역할을 수행한다. 여기에 기술 혁신을 통해 창조적 파괴creative destruction에 앞서는 기업가를 혁신자innovator로 보았던 슘페터의 생각을 접목해 보면 혁신적인 기업가가 이끄는 기업이 경쟁력 있는 기업으로 성장할 잠재력을 갖추고 있다고 할 수 있다. 현재에 멈추어 있지 않고 지속적으로 혁신을 추구하는 기업은 지속적인 이윤 증가가 가능할 것이다.

실제로 현재 진행 중인 4차 산업 혁명 시기에는 혁신이 중요한 덕목이 되고 있다. 코로나19 팬데믹 시기를 거치면서 4차 산업 혁명이 진행 중이라는 사실을 잊기도 하지만 여전히 4차 산업 혁명은 진행 중이다. 또한 혁신적인 기업가가 경영하는 기업의 가치가 높게 평가받고 있는 것도 사실이다. 여기에 새로운 혁신 기업에 투자하고 양성하려는 수요도 지속되고 있다.

지금까지의 이야기를 종합해 보면 기업가의 입장에서 장기 투자 대상을 찾는다면 혁신하는 기업에 투자하려 할 것이다. 일단 기업의 CEO가 혁신의 방향을 잘 알고 있어야 할 것이다. CEO가 혁신의 방향을 잘 모르거나 잘못된 방향으로 이끌어 나가는 경우 실패할 확률이 높아질 것이다. 다음으로는 그 기업이라는 조직 전체가 혁신하려는 노력을 동시에 실행해야 할 것이다. CEO 혼

자서만 혁신한다고 이리 뛰고 저리 뛰고 있다면 실제로 이루어지는 것은 없고 조직 피로도만 증가할 것이다.

　이렇듯 기업의 CEO와 조직 전체가 혁신하고 있다면 향후 경쟁력 있는 기업이 될 가능성이 클 것이다. 일회적인 혁신이 아니라 꾸준하게 혁신을 추구하는 기업을 찾으려는 노력이 중요할 것이다.

Step 6

애널리스트
분석 자료 읽기
완벽 정리

I

애널리스트 분석
자료 읽는 2가지 팁

Step 6을 들어가며

Step 2에서 애널리스트 분석 자료를 볼 때 자료를 작성한 이유나 배경을 파악하는 것이 중요하다고 하였다. 그리고 실적 관련 자료, 이슈 관련 자료 등에 대해서 간략하게 설명하였다.

이때 초보 주식 투자자를 대상으로 간단 명료하게 설명하려고 자세한 내용까지는 담지 못하였던 점이 있었다. 따라서 이번 Step 6에서는 분석 자료 보는 방법에 대해서 좀 더 자세하고 실제적인 내용을 중심으로 기술해 보려고 한다. 20년 이상의 애널리스트 경험에서 생각하고 느끼면서 체득한 지식을 바탕으로 필자가 정리한 내용이므로 어느 교과서에 나오는 내용보다 실제적일 수 있을 것이라는 생각이다. 실제적인 내용이라서 그냥 책을 읽는다는 것보다 실제 경험과 연관시켜 보면서 읽는 것이 이해하는데 도움이 될 것이다.

이번 Step 6에서는 두 가지 정도의 꿀팁을 제공하려고 한다. ① 실적이나 이슈 관련 자료를 보는 실제적인 방법, ② 경제, 투자 전략, 자산 배분 관련 자료를 보는 실제적인 방법에 대해서 좀 더 구체적이고 자세하게 설명해 볼 예정이다.

먼저 분석 자료 중 실적 및 이슈 관련 자료를 보는 방법을 좀 더 구체적으로 설명해 보기로 한다. 먼저 실적 관련 자료에 대해서 설명하고 다음으로 이슈 관련 자료에 대해 살펴보기로 한다.

Ⅱ

실적 자료와
이슈 자료 보는 방법

실적 관련 자료 보기 전 알아야 할 것들

실적 관련 자료는 통상적으로 분기에 한 번씩 실적이 발표되기 때문에 그 시점을 전후로 집중해서 발표하게 된다. 실적이 발표되기 전후 기간을 통틀어서 '실적 발표 기간', '실적 발표 시즌', '실적 시즌'이라고 부르기도 한다. 이에 주식 투자자들도 분기에 한 번씩은 실적 내용들을 살펴보고 정리할 필요가 있다.

달력 연도와 회계 연도
여기서 한 가지 기억하고 가야 하는 것이 있다. 국내 기업의 경우 3, 6, 9, 12월말을 기준으로 실적 발표 자료들이 작성되지만 해외 기업의 경우 2, 5, 8, 11월말을 기준으로 실적 발표 자료들이 작성되기도 한다는 점을 알고 있어야 한다.

또한 기업 재무 정보의 기준 연도는 일반적인 달력에서 말하는 달력 연도^{calendar year, CY}와 다른 경우가 있다는 것도 알고 있어야 한다. 회계 연도^{fiscal year, FY}라는 개념이다. 어느 한 기업은 연간 실적 마감 기준일을 12월 말일로 할 수도 있고 3월 말일로도 할 수 있다. 또는 6월 말일로 할 수도 있다. 12월 말일로 한 경우 회계 연도는 1월 1일부터 12월 31일까지가 될 것이고 3월말로 한 경우는 4월 1일부터 그 다음해 3월 31일이 될 것이다. 국가별로는 각자 기준에 따라 회계 연도 기간을 다르게 정할 수 있다.

회계 연도를 1월 1일부터 12월 31일까지로 한 경우는 우리가 일상적으로 사용하는 달력과 일치하니까 사용하는데 큰 어려움은 없을 것이다. 하지만 회계 연도가 4월 1일부터 그 다음 해 3월 31일까지인 경우에는 약간의 혼동이 발생할 수 있을 것이다. 4~6월의 기간은 4월부터 3월까지 회계 연도의 경우 1분기가 되지만 1월부터 12월까지의 회계 연도의 경우는 2분기가 되는 것이다. 이 점을 알고 나서 몇 번 경험해 보면 금방 익숙해질 수 있을 것이다.

실적 기준일과 실적 발표일
여기에 분기 마지막 월의 말일이 실적 발표를 하는 기준이 되는 것이고 실제 실적 발표는 그 이후에 이루어진다는 것도 알고 있어야 할 것이다. 예를 들어 1월부터 12월 말일까지를 회계 연도로 설정하고 있는 기업의 경우 1분기 실적 발표의 대상 기간은 1월에서 3월까지이다. 그런데 실적 내용을 정리하는 기간이 필요하니까 실제 발표는 3월 마지막 날에 이루어지기 어렵고 그 이후에나 가능할 것이다.

최근 기업들은 IT 기술의 발달로 ERP(전사적 자원 관리enterprise resource planning)가 잘 갖추어져 있기 때문에 글로벌 기업의 경우 실적을 발표하는 시점은 3월 말에서 그리 멀지 않은 시점인 경우가 대부분이다. 혹은 실적이 확정되기 전이라도 3월 말 직후에 잠정적으로 파악된 실적(잠정 실적)을 미리 발표하고 확정된 실적은 조금 있다가 발표하는 경우도 있다.

실적 관련 분석 자료를 이용해서 실적 내용을 확인

실적 발표가 특정 기간에 집중되기 때문에 발표되는 모든 기업의 실적을 자세히 살펴보기는 사실상 어렵다. 그래서 주요 종목에 대해서는 각 증권 회사의 애널리스트가 실적을 정리한 실적 관련 분석 자료를 작성하여 발표하는 것이다. 이렇게 애널리스트들이 작성한 분석 자료를 참고한다고 하더라도 사실상 모든 종목을 살펴보기는 어려울 것이다.

따라서 주식 투자자 본인이 직접 기업 실적 내용을 점검하려면 살펴보아야 할 종목을 미리 정해 놓아야 할 것이다. 최소한 이미 투자해 놓은 종목을 살펴야겠다거나 어떤 업종의 대표 종목은 살펴보아야겠다는 정도의 생각은 미리 하고 있어야 할 것이다.

풀링해 놓았던 종목을 중심으로 살펴보아야

장기 주식 투자자의 입장에서 생각해보면 투자 대상 종목을 선별하는 과정에서 풀링해 놓았던 투자 대상 기업 리스트에 있는 기업에 초점을 맞추고 살펴보는 것이 좋을 것이다. 실적 관련 자료를 이용해서 투자 대상 기업의 투자 포인트로 설정해 놓았던 사항이 유지되고 있는지, 향후 지속될 수 있는지에 대해서 점검해야 할 것이다. 만약 설정해 놓았던 투자 포인트가 훼손될 수 있는 문제가 생겼다면 투자 대상 기업 리스트를 조정해야 한다. 이미 투자가 이루어진 기업이라면 투자 비중을 줄이거나 투자금을 회수하는 것도 고려해야 할 것이다. 실적이 발표될 때마다 이러한 사항들을 점검해 본다는 것은 사실상 분기마다 자신의 투자 대상 기업 리스트를 업데이트한다는 것을 의미한다.

실적 프리뷰 자료와 실적 리뷰 자료 활용법

실적 관련 자료는 두 가지로 구분해 볼 수 있다. ① 실적이 발표되

기 전에 발표될 실적을 점검하고 예측하는 자료인 프리뷰 자료와
② 실적이 발표된 후에 실적 내용에 대한 해석과 향후 실적을 전
망한 리뷰 자료가 있다.

실적 프리뷰 자료에서는 발표될
실적 예상, 투자 의견, 목표 주가 제시

실적 프리뷰 자료에는 실적 시즌에 돌입하기 전에 어떤 기업의
발표될 실적 내용에 대한 사전적인 점검과 예측이 포함되어 있
다. 실제 실적이 발표되었을 때의 주식 시장 반응과 주가 흐름을
미리 예측해 볼 수 있는 자료라고 할 수 있다. 실적 프리뷰 자료에
서는 발표될 실적에 대한 예상치(매출액, 영업 이익 등)를 제시하
게 된다. 또한 이러한 예상치가 도출되게 된 이유, 근거 등이 설명
되어 있다. 여기에 투자 의견, 목표 주가와 투자 포인트가 포함된
다. 물론 투자 의견과 목표 주가를 산출한 근거도 제시된다.

시장 컨센서스를 보는 방법

실적 프리뷰 자료의 내용에는 이번에 발표될 실적이 기존 시장
예상치(시장 컨센서스라고도 함)에 부합할 것인지와 그 이유가
포함될 것이다. 여기서 시장 컨센서스는 주식 시장에서 전문가들
이 예상하고 있는 평균 전망치를 말한다. 컨센서스를 제공할 때
는 평균 개념으로 제시되지만 최고치와 최저치도 함께 파악하는
것이 좋다고 생각한다. 아주 좋게 보는 의견과 아주 부정적으로

보는 의견을 비교해 보고 평균치가 어느 쪽에 더 가까운가 등을 살펴봄으로써 시장에서 보는 관점을 어느 정도 이해해 볼 수 있을 것이기 때문이다.

실적 프리뷰 자료를 보는 단기 투자자의 입장

단기 투자자 관점에서는 실적 프리뷰 자료를 단기적인 투자로 수익을 낼 기회를 찾으려는 목적으로 보게 될 것이다. 실적 프리뷰 자료의 내용에 따라 주가가 미리 움직일 수도 있을 텐데 단기 투자자는 이를 투자 기회로 활용하려 할 것이다. 또한 실적 프리뷰 자료에서 조만간 발표될 실적이 긍정적일 것으로 예상했으나 실제 발표된 실적이 예상과 달리 부정적으로 발표되었을 때에도 단기 투자의 기회로 활용할 수 있을 것이다. 실적 프리뷰 자료에서 예상된 실적과 컨센서스와의 차이로 인해 단기적인 주가 등락이 나타날 수 있는데 단기 투자자들은 이를 최대한 활용하려 할 것이다.

실적 프리뷰 자료를 보는 장기 투자자의 입장

그러나 장기 투자자는 투자 대상으로 선정한 기업이나 이미 투자한 기업에 대한 실적 프리뷰 자료 내용이 기존에 자신의 기준으로 설정해 놓았던 투자 포인트에 부합하는지를 살펴보게 될 것이다. 만약 부합한다면 투자 대상 종목이나 보유 비중 등에서 큰 변화를 줄 필요는 없을 것이고 오히려 추가 매수도 고려해 볼 수 있을 것이다. 실적이 일시적으로 좋지 않게 나올 것으로 예상되고 주가에 부정적인 영향을 받을 것으로 판단한다면 어느 정도의 대응을 할 수 있을 것이다. 해당 기업의 주식을 보유하고 있을 경우에는 일시적으로 보유 물량을 줄였다가 주가가 하락 조정을 받은 후에 다시 매수를 하거나 여유 자금을 이용해 추가 매수할 수 있을 것이다. 아직 보유하고 있지 않은 경우는 주가가 하락 조정 받을 때 분할해서 매수할 기회로 활용할 수 있을 것이다.

장기 투자자 입장에서 활용도가 더 높을 것임

이상을 종합해 보면 장기 투자자는 실적 프리뷰 자료를 투자 대상을 선별하는 과정에서 생각해 두었던 투자 포인트, 리스크 요인 등에 변화가 있는지 여부를 점검하고 투자 결정을 재점검하는데 활용할 것이다. 반면 단기 투자자는 단기적인 매매를 통해 수익을 창출하는 기회로 활용할 것이다. 그런데 최근 분석 자료가 언론 기사나 유튜브 등 다양한 매체를 통해 그 내용이 빠르게 전달되고 있어 단기 차익을 거두기가 어려워지고 있다. 또한 내부자 정보나 선행 매매 등과 관련한 법적인 규제가 강화되고 있어 분석 자료 내용을 다른 사람보다 먼저 파악하기 어려워지고 있다는 점도 실적 프리뷰 자료를 가지고 단기 차익을 내기는 더욱 어려워지고 있는 이유가 되고 있다. 결국 실적 프리뷰 자료는 장기 투자자 관점에서 활용도가 더 커지고 있는 것이다.

실적 리뷰 자료는 실적에 대한
해석보다는 향후 실적 전망에 초점

실적 리뷰 자료는 분기 말이 지나고 발표된 실적에 대한 자료이다. 따라서 실적에 대한 간단한 설명이 들어갈 것이고 기존 전망치와 발표된 실적치와의 차이점, 향후 실적 전망, 투자 의견, 목표주가, 투자 포인트 등이 포함될 것이다. 실적 프리뷰 자료와 다른점은 확정되어 발표된 실적에 대한 자료라는 것이다. 따라서 프리뷰 자료의 내용과 같은 점과 다른 점에 대한 설명이 있을 것이고 이를 바탕으로 하여 향후 실적 전망에 대한 수정이 있을 것이다. 그 밖에 애널리스트 관점의 변화, 투자 포인트의 변화 등이 포함될 수 있다.

이미 실적 프리뷰 자료를 통해 점검해 보았던 내용이기 때문에 발표된 기업 실적이 실적 프리뷰 자료에서 점검했던 내용과 크게 다른 경우가 아니라면 큰 의미를 둘 필요는 없다. 다만 실제 발표된 기업 실적 이외에도 실적 발표 과정에서 기업의 고위 관계자들(CEO, CFO 등)의 향후 사업 계획, 비전, 향후 실적 목표치 등을 발표하기도 하는데 이에 대해서는 관심을 가지고 살펴보아야 한다. 또한 발표된 실적과 제공된 관련 자료를 활용해서 향후 실적을 전망하는 내용이 실적 리뷰 자료에 포함되는데 이에 대한 논리, 합리성, 실현 가능성 등에 대해서도 생각해 보아야 한다.

실적 리뷰 자료를 통해 주식 투자자가 생각해 볼 것들

자신이 투자할 때 설정했던 투자 포인트에 변화를 줄 정도의 내용이 있는지, 그 변화 내용이 기존의 투자 포인트를 뒷받침해주는 것인지 아니면 새로운 투자 포인트로 추가할 만한 내용이 있는지 등을 생각해 보아야 할 것이다. 그리고 나서 이를 통해 추가 매수를 해야 하는지 투자 대상에서 제외해야 하는지를 고민해 봐야 할 것이다.

좀 더 여력이 생긴다면 실적 관련 자료 발표 기간에 투자 대상 리스트에 들어 있는 기업과 경쟁 관계에 있는 기업들에 대해서도 살펴볼 필요는 있다. 물론 그렇게 중요하다고 생각하지 않는 산업 내에 속해있는 기업에는 크게 무게를 둘 필요는 없을 것이다. 또한 자신이 투자한 섹터(업종)내 기업의 지위가 흔들릴 수 있는 상황인지도 중요할 것이다. 경쟁력 관점에서 기업에 투자했다면 경쟁력이 약화되거나 새롭게 경쟁력이 강화되고 있는 기업이 있는지 이 점도 살펴보아야 할 것이다. 실적 발표 기간에는 주식 시장 내 인지도가 있는 기업들에 대한 실적 관련 자료들이 일제히 발표되기 때문에 이를 활용해서 비교 대상 기업들을 찾아서 살펴보기 쉬울 것이다.

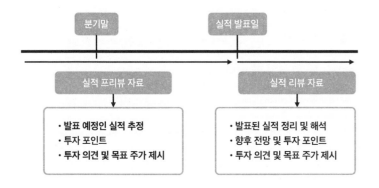

실적 프리뷰 자료와 리뷰 자료 발표 시기와 포함되는 주요 내용

이슈 관련 자료

이슈 분석 자료를 통해 투자 판단을 점검

실적 관련 자료와 활용법에 대해서 좀 더 자세하게 설명해 보았다. 이슈 관련 자료도 이와 유사한 방법으로 접근하면 될 것이다. 이슈 관련 자료는 실적 관련 자료와 같이 주기적으로 작성되는 자료가 아니다. 어떤 기업과 관련된 의미가 있는 이벤트나 이슈가 발생했을 때 수시로 작성하는 자료이다. 특정 산업 전반과 관련된 이벤트나 이슈에 대해서도 이슈 관련 자료가 작성되기도 한다. 의미가 없는 이벤트나 이슈가 발생했을 때에는 작성할 필요가 없다.

이 경우에도 기존에 설정했던 투자 대상 기업의 투자 포인트가 훼손되는 이슈인지, 강화되는 이슈인지를 판단하고 그에 따라 좀 더 매수할 것인지 현 수준에서 유지할 것인지 매도할 것인지를 결정하는데 활용하면 된다.

산업 전반에 대한 이슈 분석 자료의 경우에는 산업 전반에 미치는 영향들을 파악하도록 하고 그 영향이 투자 대상 기업에 어느 정도의 영향을 미치게 될 것인가에 대한 내용이 포함되어 있을 것이다. 분석 자료의 내용을 이용해서 산업에 대한 영향이 자신이 선별한 투자 대상 기업에 기회 요인인지, 위기 요인인지를 파악해야 한다.

이슈 분석 자료 활용 사례 1: 개별 기업 이슈

몇 가지 예를 들어 설명해 보자. 어떤 반도체 제조 공장에 화재가 발생하였고 이에 대한 이슈 분석 자료가 작성되었다고 가정해보자. 직관적으로는 화재가 발생하지 않은 경쟁 관계에 있는 반도체 기업이 수혜를 받을 수 있을 것이라는 분석이 가능할 것이다. 글로벌 반도체 수요가 많지 않은 국면이라서 화재로 인해 공급이 줄더라도 수혜 정도가 크지 않을 수 있다는 분석도 가능하다. 화재가 발생한 반도체 업체의 매출액 구성이 다른 기업과 달라서 화재 발생에 따라 수혜 정도가 기업마다 다를 것이라는 분석도 가능하다.

다양한 분석이 가능하고 이에 따른 영향에 대한 분석도 다를 수 있다. 이때 중요한 것은 자신이 투자 대상으로 선정한 반도체 기업에 대한 투자 포인트를 생각해 보는 것이다. 자신이 반도체 기업에 투자할 때 근거로 생각했던 투자 포인트가 반도체 경기 사이클이었는지, 해당 반도체 기업의 고유한 경쟁력이었는지를 생각해 보아야 한다.

만약 반도체 경기 사이클이 저점을 통과하고 있고 주가 흐름도 부진해서 저가에 미리 매수할 생각이었다면 화재 발생에 민감하게 반응할 필요는 없을 것이다. 화재가 발생한 반도체 기업의 경쟁력 때문에 투자 대상으로 선정하였다면 화재로 인한 영향을 살펴보고 투자 대상으로 유지할 것인지를 판단하면 될 것이다. 화재로 인해 근본적인 경쟁력이 훼손되지 않았다면 장기 투자자로서 긍정적으로 접근하는 데에는 큰 문제는 없다는 생각을 할 수 있다. 다만 근본적 경쟁력 훼손이 없다고 하더라도 그 화재로 인한 부정적 영향이 지속되는 기간이나 크기는 생각해 볼 필요는 있다. 추가 매수 여부나 추가 매수 시점을 생각해 볼 수 있는 근거가 될 수 있기 때문이다. 투자 판단에 필요한 내용을 이슈 분석 자료를 활용해서 가늠해 볼 수 있는 것이다.

이슈 분석 자료 활용 사례 2: 산업(은행업) 이슈

이번에는 어떤 산업에 이슈나 이벤트가 발생했을 때를 예를 들어 보겠다. 가계 신용이 빠르게 증가하자 금융 정책 당국이 가계 대출에 대해 총량 규제를 실시하게 되었다고 하자. 이때 은행 산업을 분석하는 애널리스트라면 이에 대한 영향에 대해서 이슈 분석 자료를 작성하게 될 것이다. 은행의 성장성과 수익성에 좋지 않은 영향을 줄 수 있는 이슈이기 때문이다.

은행의 고유한 업무는 예대업무, 즉 예금과 대출 업무라고 할 수 있다. 예금은 자금 조달의 수단이고 고객에게 이자를 지급하게 된다. 대출은 주요한 자금 운용의 수단이고 고객으로부터 이자를 받게 된다. 따라서 금융 정책 당국의 가계 대출 총량 규제는 은행의 이자 수익을 위축시킬 수 있는 요인이 되는 것이다. 고객에게 지급되는 예금 이자에는 변화가 없지만 대출에서 발생하는 이자 수익을 위축시킬 수 있기 때문이다.

좀 더 자세히 설명해 보면 일단 가계 대출에 대한 총량 규제는 은행의 대출 성장을 위축시킬 것이다. 대출 규모의 증가 속도가 둔화된다면 가격을 올려야 전체적인 매출이 줄지 않을 것이다. 가격에 총량을 곱한 것이 매출이기 때문이다. 그러나 은행 대출의 가격은 대출 금리라고 할 수 있는데 인위적인 총량 규제를 빌미로 대출 금리를 당장 인상하는 것은 어려울 것이다. 그렇다면 결국 성장성은 떨어질 수밖에 없다.

수익성 관점에서 보면 대출 증가 속도가 둔화되면 이자 수익 증가 속도도 제한될 것이다. 이에 반해 예금 증가 속도가 당장 위축될 가능성은 크지 않아 이자 비용이 이자 수익 둔화 속도와 동일하게 줄어들기도 어려울 것이다. 결국 이자 수익은 둔화되지만 이자 비용은 당장 줄어들기 어려워 수익성도 나빠질 수밖에 없는 것이다.

그렇다면 당장 은행들의 성장성은 둔화되고 수익성도 좋아지기 어렵기 때문에 은행 실적은 나빠질 수 있다. 부정적으로 볼 수밖에 없다. 다만 금융 정책 당국이 가계 대출이 너무 빠르게 늘면서 리스크가 커지는 것을 우려해서 가계 대출 총량 규제를 하였기 때문에 향후 은행에 발생할 수 있는 리스크가 줄어들 것이라는 예상이 가능하다. 은행은 리스크가 줄어들면 향후 발생할 수 있는 대손 충당금 적립 규모가 줄어들 수 있기 때문에 안정성은 높아질 수 있다. 또한 향후 발생할 수 있는 비용이 줄어드는 장기적인 관점에서의 실적 안정성도 좋아질 수 있다. 돈 버는 일은 위축될 수 있지만 돈 잃을 가능성은 줄어드는 것이다. 은행에 부정적인 이슈이지만 리스크는 줄어드는 측면도 있기 때문에 보는 관점에 따라서는 부정적인 영향이 조금은 줄어들 수 있을 것이라는 해석이 가능하다.

이슈 분석 자료를 볼 때 피해가 적거나
수혜를 보는 기업을 찾아볼 필요

산업별 이슈 분석은 한 가지 더 들여다보아야 할 것이 있다. 산업 전체에 부정적인 이슈가 발생하였다고 해도 상대적으로 부정적인 영향이 적은 기업이 있을 수 있다는 점이다. 이상의 은행업 이슈를 보면 은행 중 가계 대출을 규제하는 것이기 때문에 가계 대출 비중이 높은 은행과 그렇지 않은 은행을 구분해서 생각해 볼 수 있을 것이다. 기업 대출에 무게를 두고 있거나 그러한 여력이 높은 은행은 상대적으로 부정적 영향이 적을 것이다.

또 한 가지 생각해야 하는 것은 정책 금리의 방향도 생각해 봐야 한다. 은행 산업은 정책 금리 인상 국면에서는 이익이 늘어나는 경향이 있다. 한국의 은행들의 예금과 대출 만기 구조를 보면 정책 금리가 인상될 때 대출 금리 상향 조정 속도가 예금금리 상향 조정 속도보다 빠르기 때문이다. 순이자 마진^{Net interest margin,} NIM이 개선되기 때문에 이익이 늘어나는 것이다. 가계 대출 총량 규제가 실시되어 성장성과 수익성이 하락하겠지만 정책 금리가 인상되는 국면이라면 은행에 대한 부정적인 영향은 상당부분 줄어들 수 있을 것이다.

동일한 이슈에 대한 다양한 분석을
자신만의 판단 기준이나 관점으로 걸러내야

동일한 이벤트나 이슈에 대한 영향 분석은 애널리스트에 따라 다를 수도 있다. 일치하는 경우에는 자료들을 참고하는데 큰 어려움이 없겠지만 의견이 다양하게 나올 경우 참고하는데 어려움이 생길 수 있다. 여기서도 자신만의 기준이나 관점을 가지고 있는 것이 중요한 것이다. 그러나 자신만의 기준이나 관점은 하루아침에 만들어지는 것은 아니라는 것이 문제이다. 하지만 이슈 보고서를 작성하는 애널리스트들은 자신들의 논점을 분명히 하고 있기 때문에 다양한 의견 중 설득력이 있는 논리를 받아들이면 되는 것이다. 주식 초보자라고 하더라도 꾸준히 분석 보고서를 다양한 매체를 통해 접할 수 있기 때문에 과거처럼 접근하기 어려운 방법은 아니라고 판단된다. 주식 투자에 대한 꾸준한 관심이 중요한 이유이다.

III

탑다운 vs. 바텀업

탑다운 접근 방식과 바텀업 접근 방식

다음으로는 경제, 투자 전략, 자산 배분 관련 자료를 보는 방법에 대해서 설명할 것이다. 이 부분은 Step 2에서 충분하게 설명하지 않았던 내용이다. 이러한 자료들은 흔히 매크로 자료라고 말하기도 하는데 주로 탑다운Top-down 접근 방법이라고 할 수 있다. 이들 매크로 자료 활용법에 대해 이야기하기 전에 탑다운 접근 방법과 바텀업 접근 방법에 대해서 생각을 해보기로 한다.

1등 기업과 1등 산업

앞에서 투자 대상 종목을 선정할 때에는 바텀업 접근 방법으로 1등 기업을 찾는 것이 좋다고 하였다. 탑다운 접근 방식은 바텀업 접근 방법과 비교되는 분석 방법이라고 할 수 있다. 쉽게 말하면 1등 기업을 찾는 방식으로 바텀업 접근 방법이 좋은 방법이라면 1등 산업을 찾을 때는 탑다운 접근 방법이 좋은 방법이라는 정도로 설명할 수 있다.

위에서 아래로, 아래에서 위로

두 가지 분석 방법에 대해서 설명을 해 보면 탑다운 접근 방법은 큰 것(거시)에서 작은 것(미시)으로 접근하는 것이라고 할 수 있다. 즉, 글로벌 경제 환경, 산업별 사이클 등을 살펴보고 유망한 산업을 찾아 낸 후 기본적 분석을 통해 개별 기업을 찾아내는 방법이다.

바텀업 접근 방법은 특정 종목의 내재 가치를 먼저 분석한 후 거시 경제 지표를 이용해 분석하는 방식이다. 작은 것(미시)에서 큰 것(거시)으로 접근하는 개념이다. 개별 기업의 합은 경제 전체라는 개념에서 접근하는 방법이라고도 할 수 있다. 이렇게 설명하면 탑다운 접근 방법에 비해 쉽게 이해하기 어려울 수도 있다.

따라서 다음 도표를 보면서 설명해 보면 이해가 쉬울 것이다. 바텀업 접근 방법은 재무 비율이 좋은 기업들을 분류해 놓은 후에 거시 경제 환경, 산업별 환경 등을 점검해서 투자 대상 기업을 선정하는 것이다. 선정된 기업은 탑다운 접근 방법에서와 같이 기업의 사업이나 재무 분석을 수행하게 된다.

탑다운 접근 방법과 바텀업 접근 방법

탑다운 접근 방법		바텀업 접근 방법
거시 경제 분석		재무 비율 상대비교 분석
자본 시장 분석		거시 경제 분석
산업 분석		산업 분석
기업 사업 분석		기업 사업 분석
기업 재무 분석		기업 재무 분석

탑다운 접근 방법의 장점을 살리고 단점을 보완하는 방법

두 가지 접근 방법은 각각 나름대로의 장점과 단점이 있다. 탑다운 접근 방법은 거시 경제 전반을 살핀 후 그 기반 하에 종목을 고르는 방법이기 때문에 개별 기업을 고르는 데 드는 시간과 비용이 상대적으로 적은 편이다. 거시 경제 분석을 통해 유망한 산업을 찾아서 선택의 폭을 좁힌 후 투자 대상 기업을 고르기 때문에 단기 투자자들이 유연하게 대응할 수 있는 방법이기도 하다. 하지만 개별 기업에 대한 세부적인 분석 과정을 거치지 않기 때문에 개별 기업의 고유한 리스크를 사전에 파악하기가 어려울 수도 있다. 따라서 주식 투자를 할 때에는 탑다운 접근 방법을 바텀업 접근 방법으로 보완하는 방법도 생각해 볼 필요가 있다.

예를 들면 향후 경제 성장률이 상승할 것으로 예상된다고 하자. 여기에 금융 시장 환경은 정책 당국의 완화적 통화 정책의 영향으로 유동성이 풍부해지고 금리는 하향 안정 기조가 지속될 것으로 예상된다고 하자. 경제 성장이 지속되는 가운데 유동성이 풍부한 상황에서는 반도체 경기가 좋아지는 경우가 많았다고 한다. 실제 반도체 산업을 살펴보았더니 반도체 수요가 증가할 것으로 예상된다. 이를 반영하여 반도체 기업들의 매출과 마진이 양호할 것으로 예상되어 반도체 기업에 투자하겠다고 결정하였다. 여기까지가 탑다운 접근 방법으로 주식 투자 대상을 결정하는 과정이라고 할 수 있다.

여기서 한발 더 나아가서 반도체 산업이 좋을 것으로 예상된다면 미시적 관점에서 기업 분석을 해서 세부적인 투자 대상 종목을 찾는 것이다. 반도체 기업들의 재무적인 상황, 시장 지배력, 기술력 등을 비교해서 가장 경쟁력 있는 기업을 찾는 것이다. 이 부분이 바텀업 접근 방법으로 탑다운 접근 방법을 보완하는 방법이라고 할 수 있다.

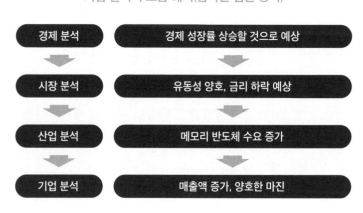

기업 분석의 흐름 예시(탑다운 접근 방식)

경제 분석	경제 성장률 상승할 것으로 예상
시장 분석	유동성 양호, 금리 하락 예상
산업 분석	메모리 반도체 수요 증가
기업 분석	매출액 증가, 양호한 마진

바텀업 접근 방법이란?

바텀업 접근 방법은 특정 기업의 내재적 가치를 분석한 후 거시 경제를 분석하는 순서로 접근하는 방법이다. 바텀업 접근 방법은 일단 거시 경제나 시장 상황에 대한 분석을 배제하고 기업의 재무 상태, 실적 등 미시적인 요인을 분석하는 데 초점을 맞추는 것이다.

기업 분석에 무게를 두는 방법이기 때문에 단기 투자자보다는 장기 투자자에 적합한 접근 방법이라고 할 수 있다. 아무래도 재무적인 내용과 향후 기업의 성장 가능성에 대해 분석하는 것이 중심이 되는 방법이기 때문에 관련 지식과 경험을 어느 정도 갖추고 있거나 갖추어 나갈 필요가 있다.

따라서 바텀업 접근 방법에 익숙해지기 위해서는 시간과 노력이 필요할 수도 있다. 물론 앞에서 초보 주식 투자자로서 바텀업 접근 방법으로 투자 대상 종목을 선정하는 몇 가지 방법을 간단하게 설명하였다. 이를 참고하기 바란다. 기업에서부터 살펴보는 방법이기 때문에 저평가되어 있는 우량 기업이나 장기 성장 가능한 기업, 혁신 기업 등을 찾기에 좋은 방법이라고 할 수 있다.

바텀업 접근 방법 사례

바텀업 접근 방법을 예를 들어 설명해 보겠다. 거시 경제 환경을 살펴보기 전에 밸류에이션이 낮은 기업을 검색한다. 저평가 기업을 찾아보는 것이다. 밸류에이션은 PER, PBR, EV/EBITDA 등의 지표를 이용하여 판단한다. 같은 업종 내에서 밸류에이션 지표가 상대적으로 낮은 기업을 찾는 과정을 거치는 것이다. 여기서 밸류에이션 지표의 비교는 과거 수치뿐 아니라 예측된 수치를 같이 살펴야 한다.

이후 밸류에이션이 낮은 저평가 기업들이 향후 거시 경제 환경에서 적합한 기업인가를 살펴보게 된다. 경기 흐름이 경기 하강 국면에서 회복 국면으로 전환될 것으로 예상되는 상황이라면 저평가 받는 기업 중에서 성장이 가능한 업종에 속한 기업을 투자 대상으로 정할 수 있을 것이다. 좀 더 중장기적인 관점에서 생각해 보면 새로운 영역에서 위상이 강화될 수 있는 기업에 투자하는 것이 좋을 것이다. 따라서 매출액 대비 투자 비중이 높은 기업을 검색해 볼 수 있다. 이러한 기업 중에서 향후 성장할 것으로 예상되는 영역에 투자하고 있는 기업을 골라서 해당 기업의 사업이나 재무적인 분석을 수행하여 가장 경쟁력이 높은 기업에 투자하는 것이다.

어느 접근 방법이 더 좋을까?

탑다운 접근 방법과 바텀업 접근 방법이라는 두 가지 분석 방법이 있다고 설명하면 대개 어느 방법이 더 좋은 것이냐는 질문이 뒤따른다. 결론부터 말하자면 어느 방법이 더 좋다고 말하기는 어렵다. 각자의 주식 투자 성향이나 분석 방법에 따라서 자신만의 방식을 찾아 가는 것이 좋다고 말할 수 있다.

주식 투자에는 정답이 없기 때문에 두 접근 방식에 대해서 이해하고 두 가지 분석 방법을 자신의 상황에 실제 대입해 보고 좀 더 적합한 방법을 적용해서 활용하는 것이 좋을 것이다. 필자의 경험으로는 앞에서 잠깐 언급했듯이 투자 대상을 결정할 때 탑다운과 바텀업 접근 방법을 혼합해서 활용하는 것이 좋다고 생각한다. 실제로도 탑다운 접근 방법과 바텀업 접근 방법을 적절히 조합해서 사용하는 경우가 많다. 투자 대상 종목을 선별할 때 범위를 좁히고 투자의 방향을 정하는 데에는 탑다운 방식을 활용하고 투자 대상 종목을 최종적으로 선별하는 과정에서는 바텀업 방식을 활용하는 것이다. 이렇게 하면 투자 대상 종목을 선별하는 데 걸리는 시간을 줄일 수 있고 투자 대상으로 선별된 기업에 대한 분석 과정도 좀 더 자세히 진행할 수도 있을 것이다.

　　투자의 세계에는 다양한 트렌드 변화가 나타나고 있고 다양한 투자 테마가 생겨나기도 하고 소멸하기도 하기 때문에 다양한 기준으로 투자 대상 종목을 필터링해 보는 것이 좋을 것이다.

투자 전략, 경제 분석, 자산 배분 전략 자료 활용법

매크로 자료를 보는 방법

이번에 설명할 자료들은 통칭해서 매크로 자료라고 부르기도 한다. 거시적인 측면에서 접근하는 자료들이기 때문이다. 앞에서 언급한 탑다운 접근 방법에서 초반에 이루어지는 분석 과정을 주된 내용으로 하고 있는 자료이다. 각 자료별로 간략한 설명과 활용법을 이야기해 보기로 한다.

투자 전략 자료

각 시장에 대한 현황 및 전망, 투자자들의 대응 전략

투자 전략investment strategy 자료는 주로 주식 시장이나 채권 시장 등 유가 증권 시장과 관련된 내용을 분석하는 자료라고 할 수 있다. 유가 증권 시장을 분석한다는 것은 주식이나 채권 시장의 현황을 살펴보고 향후 전망에 대해서 설명하는 것을 말한다. 또한 이러한 내용을 바탕으로 투자자들이 취해야 하는 투자 전략을 제시한다. 즉, 시장에 대한 현황 분석과 전망을 바탕으로 투자 전략을 제시하는 것을 주 내용으로 하고 있다.

작성하는 증권 회사별로 각 시장에 대한 한 가지 의견을 제시하게 되는데 이를 하우스 뷰라고 한다. 한 증권 회사의 리서치센터를 하나의 리서치 하우스라고 하면 리서치센터 내에서 논의 과정을 거쳐 결정된 시장에 대한 의견을 말하는 것이다. 리서치센터 내에서도 각 시장을 보는 견해가 처음부터 일치하지는 않을 것이다. 하지만 내부 논의를 거쳐 각 시장에 대한 일치된 의견을 결정하게 되고 이를 하우스 뷰라고 한다. 하우스 뷰는 내부 논의 과정을 통해 정제된 의견이 만들어진 것이므로 한 증권 회사에는 하나의 하우스 뷰가 존재하게 되는 것이다.

투자 전략 자료는 다양한
증권 회사의 견해를 비교해서 활용해야

각 시장을 보는 관점은 증권 회사별로 다를 수 있다. 또한 각 시장에 대해 유사한 관점을 가진 증권 회사라고 하더라도 그 관점들을 뒷받침해주는 논리적인 배경이 다를 수 있다. 따라서 투자 전략 자료를 볼 때에는 다양한 증권 회사의 견해를 비교해서 자신만의 판단 기준 하에 정리해 보는 것이 중요하다. 다양한 견해를 정리할 때는 논리적인 설명력을 기준으로 취사선택할 필요가 있다.

먼저 현재 시장에 대한 인식을 잘 설명하고 있어야 할 것이다. 다음으로는 현재 시장을 움직이는 변수가 향후 어떻게 변화할 것인가를 논리적으로 설명하여야 하고 향후 각 시장을 움직일 변수를 제시하고 그 변수에 대해 합리적으로 전망하여야 할 것이다. 마지막으로 이러한 내용을 종합해서 주식 투자자들이 어떠한 전략을 가지고 시장에 대응해야 할 것인가를 보여 주어야 할 것이다.

시장 리스크를 파악하는 데 활용

투자 전략 자료에서는 각 시장에 대한 다양한 견해를 찾아볼 수 있는 만큼 시장 리스크를 파악하는 데에도 활용할 수 있다. 시장을 보는 견해에는 긍정적인 견해도 있을 수 있고 부정적인 견해도 있을 수 있다. 또한 각 증권 회사의 투자 전략 자료에는 리스크 요인에 대해서도 언급하는 것이 일반적이다. 이러한 부정적 견해나 리스크 요인과 관련해서 언급된 내용들을 잘 정리해서 향후 발생할 수 있는 리스크들을 점검할 때 활용할 필요가 있다.

투자 전략 자료는 말 그대로 투자 전략이 핵심이다. 주식 시장이나 채권 시장이 어떻게 전망되니 단기적으로는 이렇게 대응하고 중장기적으로는 저렇게 대응하는 것이 좋다는 내용을 설명하는 것이다. 초보 주식 투자자의 경우는 투자 전략 자료의 핵심 내용을 먼저 파악하고 그 배경 논리를 정리해 보는 것이 필요하다. 이런 방법으로 정리하는 것을 반복하게 되면 점차 주식 시장을 움직이는 여러 변수나 요인에 대한 이해도가 높아지게 되면서 어느덧 초보 주식 투자자에서 벗어나 있을 것이다.

경제 분석 자료

경제 분석 자료는 투자 전략 자료에 포함되는 경우도 있음

경제 분석Economics 자료는 투자 전략의 배경이 되는 경제 현황과 전망에 대해 분석한 자료이다. 경제 분석 자료 내용은 핵심 내용이 정리되어 투자 전략 자료에 포함되기도 한다. 경제 상황에 대해서 좀 더 세부적으로 살펴보고 싶다면 경제 분석 자료를 참고할 필요가 있다. 또한 좀 더 주식 투자에 대한 지식을 넓히기 위해서는 투자 전략 자료뿐 아니라 경제 분석 자료를 읽어 보는 것이 필요하다.

투자 전략 자료는 주식 시장이나 채권 시장에 초점을 맞추고 있다. 경제 분석 자료는 시장을 움직이는 경제적 요인에 초점을 맞추고 있다. 아무래도 경제 현황과 전망에 대한 자세한 내용이 포함되어 있기 때문에 초보 주식 투자자 입장에서는 모든 내용을 완벽하게 이해하거나 숙지하기 어려울 수 있다. 하지만 주식 투자를 장기적으로 하기 위해서는 어느 정도 국내외 경제 상황에 대한 맥락을 이해하는 것이 좋다. 꾸준하게 읽어볼 필요는 있다.

어려울 것이라는 선입견이 있을 수 있지만
반복해서 읽어 보면 쉬워질 수 있음

경제 분석 자료는 발표되는 경제 지표에 대한 내용, 주간 단위로 살펴보아야 하는 경제 지표에 대한 해설과 전망, 연간 경제 전망 자료 등이 있다. 경제 분석 자료는 내용이 길고 심각한 내용(재미 없는 내용)일 것이라고 생각할 수 있지만 그렇지는 않다. 또한 경제 지표마다 발표 주기가 정해져 있어서 경제 분석 자료 중 일정한 주기를 갖는 자료도 많다. 일정한 주기를 갖는 자료는 사실을 전달하는 내용이고 분량도 그리 많지 않아 내용 파악이 힘들지는 않다.

하지만 현재 좀 더 무게를 두어야 하는 경제 지표나 경제 상황에 대한 경제 분석 자료는 내용이 좀 더 깊을 수 있어 초보 주식 투자자로서는 읽고 이해하기 어려울 수도 있다. 이러한 자료를 보기 위해서는 경험이나 내공을 좀 더 갖출 필요가 있고 어느 정도 노력도 필요하다. 다른 한편으로는 주식 투자자로서 내공을 갖추는 데에도 활용할 수 있는 자료가 될 수도 있다. 반복해서 읽어 보면 경제의 맥락이나 주식 시장 전체를 보는데 많은 도움이 될 수 있으며 경제 분석 자료는 투자 전략 자료에 내용이 포함되는 경우가 많지만 주식 시장 전체의 맥락을 이해하기 위해서는 반드시 참고해야 할 자료라고 할 수 있다.

방금 투자 전략 자료에 경제 분석 자료 혹은 경제 분석 내용이 포함된다고 하였다. 따라서 한 증권사의 투자 전략 자료와 경제 분석 자료는 맥락을 같이 하는 것이 당연할 것이다. 만약 두 자료의 내용이 일맥상통하지 않고 상충하고 있다면 무엇인가 문제가 있는 리서치센터라고 보아도 무방할 것이다. 이러한 리서치센터에서 작성된 자료는 신뢰하기 어려울 것이다. 다만, 리서치센터 규모가 크지 않은 증권 회사의 경우 경제 분석 자료가 별도로 만들어지지 않을 수 있다. 투자 전략 자료에 경제 분석 내용이 포함되고 투자 전략 담당자가 경제 분석까지 담당할 수도 있다.

자산 배분 전략 자료

포트폴리오 구성과 관련된 자료

자산 배분Asset allocation 전략 자료는 포트폴리오 구성과 관련된 자료이다. 주식, 채권, 대체 투자 자산 등을 어떻게 배분할 것인가를 분석하게 된다. 투자의 중요한 원칙 중 하나인 분산 투자를 하기 위해서는 포트폴리오를 구축해야 하기 때문이다. 이 자료는 이에 대한 근거, 논리 등을 바탕으로 현시점에서 적정한 투자 포트폴리오를 제안하는 내용을 중심으로 작성된다. 자산 배분은 투자 전략에 포함되는 경우도 있다. 넓은 의미에서 투자 전략은 결국 다양한 자산을 적절하게 배분해서 리스크를 분산하도록 하는 것이기 때문이다.

자산 배분 전략 자료에는 주식 시장, 채권 시장, 대체 투자 시장 등 각 시장에 대한 내용이 종합되어 있다. 각 시장에 대한 투자 의견과 전체 포트폴리오 내에서의 적정한 비중이 제시된다. 계량적인 분석틀을 가지고 하는 경우도 있고 그렇지 않은 경우도 있다. 자산 배분과 관련된 결론을 도출하는 과정을 자세하게 기술하기 보다는 자산 배분의 근거와 자산 배분 작업의 결과물만이 포함되는 경향이 있다. 너무 세세한 내용이 포함될 경우 자료의 분량이 너무 많아질 수 있고 자산 배분 전략의 고유한 방법론이 유출될 수 있기 때문이다.

리서치센터의 모든 의견이 집대성되어 있음

자산 배분 전략 자료는 리서치센터의 모든 의견이 집대성되어 있다고 할 수 있다. 경제적인 변화 요인, 각 시장별 변화 요인, 산업별 변화 요인 등이 자산 배분 전략에 포함되기 때문이다. 초보 주식 투자자로서 자산 배분 전략 자료를 활용하는 방법은 자산 배분 전략 자료에 각 시장과 관련된 변화 요인들이 정리되어 있기 때문에 한 자료를 통해서 금융 시장을 전체를 둘러보는데 용이할 것이다. 종합적인 현상과 전망을 정리해 보면서 주식 투자를 할 수 있기 때문에 리스크 요인에 대해서도 좀 더 쉽게 접근해 볼 수 있을 것이다. 자산 배분 전략 자료는 아무래도 대형 증권사에서 주로 작성하는 경향이 있다. 그렇지 않은 경우는 투자 전략 자료와 혼용되어 작성되는 경우도 있다.

자료의 종합적인 활용법

보다 긴 호흡으로 접근할 필요

이와 같은 자료를 매크로 자료 라고도 하는데 이러한 종류의 자료들은 시장 전체의 방향을 가늠해 보는데 적합한 자료일 것이다. 그렇지만 매일매일의 시장 방향을 예측하기 보다는 보다 장기적인 흐름을 파악하는데 활용할 필요가 있다. 경제 지표나 시장 지표들에 대한 발표 내용에 따라 하루하루 시장이 움직일 수는 있겠지만 경우에 따라 시장의 반응이 다르게 나타날 수 있다. 따라서 이를 정확하게 예측하여 매매하기는 어려울 것이므로 단기적인 움직임보다는 장기적인 흐름에 더 무게를 두고 보는 것이 좋을 것이다.

매크로 자료를 단기적인 투자에 활용하려고 하면 글로벌하게 발표되는 수요 지표를 매번 예상하거나 체크해야 할 것이다. 물론 언론 기사 등을 통해 시장 컨센서스를 사전에 파악할 수 있어 그리 어려운 일이 아닐 수 있다. 하지만 경제 지표나 시장 지표 발표에 따른 시장 반응도 항상 일관성이 있는 것은 아니다. 특히 초보 주식 투자자의 경우에는 이러한 작업이 쉽지 않을 수밖에 없다. 어느 정도 경험이 쌓이기 전까지는 단기 투자에 활용하지 않는 것이 나아 보인다.

경제 지표 발표에 대한 시장의 반응은 일정하지 않을 수 있음

경제 지표가 발표되었을 때 시장의 반응은 항상 일정하지 않을 수 있는 이유는 시장이 단순하지 않기 때문이다. 시장이 움직이는 데에는 한두 가지 요인이 아닌 여러 가지 요인이 복합적으로 작용하고 있기 때문이다. 따라서 시장의 방향을 정확하게 예측하기 위해서는 시장에 영향을 주는 변수를 모두 예측해야 하는데 사실상 어려울 것이다. 결국 매크로 자료는 큰 그림을 어느 정도 예측하는 데 활용할 필요가 있는 것이다. 따라서 오히려 자산 배분 관점에서 전략을 수립하는 데 활용하는 것이 더 현실적인 활용법이라고 할 수 있다.

한 가지 현상에 여러 가지 생각을 할 수 있어

예를 들면 미 연준이 유동성 공급 규모를 줄이는 테이퍼링을 실시할 것이라는 계획을 발표하였다고 하자. 통상적으로 생각하면 유동성 공급을 줄이게 되면 유동성의 영향으로 크게 상승하였던 주식을 포함한 자산 가격이 하락할 것이라고 예상할 수 있을 것이다. 여기서 생각해 보아야 할 것은 유동성 공급을 하였던 이유라는 본질적인 것이다. 유동성 공급을 하였던 이유가 해소되었다면 유동성 공급 축소라는 테이퍼링은 어쩌면 당연한 것일 것이다. 이러한 관점에서 이를 통화 정책의 정상화 과정으로도 볼 수도 있는 것이다.

유동성을 대규모로 공급했던 것은 코로나19 확산에 의한 경기 둔화를 방어하기 위한 것이었다. 현재 경제 활동이 정상화되는 과정에 있다면 물가 상승이라는 부작용이 나타날 수 있어 정상화 차원에서 유동성 공급을 점진적으로 줄여 나가야 할 것이다. 이에 미 연준은 유동성 공급을 줄여 나갈 계획을 사전에 공지하고 그 계획대로 유동성 공급 축소를 실시할 것이라고 이야기하고 있다. 이렇게 되면 아무래도 시장에 미치는 부정적인 충격은 줄어들 수도 있을 것이다. 경제 환경이 좀 더 나아졌기 때문에 통화 정책도 변화해야 한다고 생각할 수 있을 것이기 때문이다. 시장 참가자들이 싫어하는 내용이지만 어쩌면 당연한 내용이라고 할 수 있다.

이때 다시 고민해 보아야 하는 본질적인 것은 물가 상승 속도와 지속성이 될 것이다. 물가 상승 속도가 빠르거나 물가 상승이 상당 시간 지속된다면 연준이리는 통화 당국 입장에서는 부담스러운 상황일 것이다. 그런 통화 당국 입장이라면 유동성 조절 속도를 계획보다 빠르게 진행해야 할지도 모르고 만에 하나 정책 금리까지 조절해야 하는 상황이 올 수도 있을 것이기 때문이다.

정책 결정에 대한 여러 가지 시나리오가 존재할 수 있다는 점을 인식하고 있다면 경제 지표나 정책 발표 순간의 대응보다는 긴 호흡을 가지고 대응해야 할 것이다. 긴 호흡으로 보지 않고 주가의 흐름만을 따라다니다 보면 단기 투자자의 길을 따를 수밖에 없을 것이고 주식 투자에 실패할 가능성도 높아질 것이다.

본질적인 내용을 파악하고 살펴야 함

이상을 정리해 보면 미 연준의 통화 정책 변경을 볼 때에는 본질적인 내용을 파악하고 살펴보아야 한다는 것이다. 연준의 통화 정책에 대한 시장의 다양한 해석과 그에 따르는 주가 변동을 보는 것이 아니다. 우리가 생각해 봐야 할 것들은 경제가 정상화되는 과정에서 통화 정책이 변화하고 있다는 점, 물가 상승이 향후 어떤 양상으로 전개될 것인지를 지속적으로 살펴보는 것이 중요할 것이다.

이를 살펴보기 위해서 매크로 자료들을 활용해 본질적인 내용들을 살펴야 할 것이다. 이와 함께 본질적인 내용의 변화에는 어떠한 투자 전략으로 대응해야 할 것인지를 생각해 보아야 할 것이다. 여기에 4차 산업 혁명과 같은 장기 성장 테마에는 어떠한 변화가 있을 수 있는지도 계속해서 고민해 보아야 할 점이다.

그 밖의 자료 활용법

이니시에이션 자료

그 밖에 애널리스트 분석 자료는 이니시에이션 자료^{Initiation report}가

있다. 이니시에이션 자료는 분석 업무(애널리스트)를 처음 시작

하거나 해당 산업에 대한 분석을 시작할 때 작성하는 자료이다.

애널리스트가 새롭게 업종을 담당하게 되면 해당 업종을 보는 애

널리스트의 관점을 자세히 정리하게 된다. 처음 시작하기 때문

에 시간을 가지고 해당 산업이나 업종에 대한 이해도를 높일 필

요가 있다. 또한 해당 업종에 포함되어 있는 기업 중 분석 대상 기

업에 대한 내용을 정리하게 된다. 이 같은 자료를 작성하는 데에

는 어느 정도의 준비 기간이 필요할 것이다. 이러한 이유로 이니

시에이션 자료는 해당 산업에 대해 기본적인 것부터 자세히 공부

해 보는데 활용할 수 있는 자료이다. 통상 이니시에이션 자료에는 해당 업종에 대한 분석, 재무 분석, 리스크 분석, 업종 내 속해 있는 기업에 대한 분석 등이 포함된다.

　해당 업종에 대한 분석에는 산업에 대한 현황 및 전망, 산업 내 경쟁 구도, 중장기 산업 전망, 산업 내 리스크 분석 등이 포함된다. 재무 분석은 산업 분석 하에서 업종 전체의 재무 지표의 추정, 추정의 근거, 성장성, 수익성, 안정성 등을 점검하게 된다. 또한 현재 해당 업종의 밸류에이션 등도 점검해 보게 된다. 리스크 분석은 산업 전체의 위기 요인, 기회 요인 등을 살펴보고 향후 발생할 수 있는 제도적, 규제 관련 리스크 등도 살펴보게 된다. 해당 업종에 속해 있는 기업에 대해서는 기업별 재무 현황 및 전망, 이로 인해 투자 의견, 적정 주가 등이 포함되고 각 기업의 고유한 리스크 요인 등을 점검하게 된다.

한 번 보고 방치하는 자료는 아님

이러한 광범위한 내용이 세부적으로 포함되는 자료이기 때문에 한 번만 보고 방치하는 자료라고 할 수 없다. 해당 산업에 대한 내용을 되새기거나 다시 한 번 들여다볼 필요가 있을 때 활용하는 자료로 보관할 필요가 있다. 다만 모든 애널리스트가 작성한 자료를 다 볼 필요는 없다. 모든 애널리스트가 이니시에이션 자료를 잘 쓰는 것은 아니기 때문이다. 일단 한 번 읽어 보고 자신의 스타일이나 기준에 맞는 자료를 보관해 놓으면 될 것이다. 어차피 참고서로써 활용하는 것이기 때문에 자신이 보기 편하고 활용하기 좋은 자료가 좋은 자료라고 할 수 있다.

실전! 주식 투자 종목 선정하기

I

어느 종목에 투자할 것인가?

Step 7을 들어가며

이번 Step 7에서는 주식 투자 종목 선정하는 방법을 좀 더 실제적으로 설명해 보기로 한다. Step 3에서 살펴본 내용과 유사할 수 있지만 주식 투자를 실행하기 전에 반드시 거쳐야 하는 단계이므로 좀 더 세부적으로 살펴볼 필요가 있다.

더 나아가서는 중장기적으로 주식 투자를 하기 위해서는 투자 대상 종목 풀을 지속적으로 관리할 필요가 있다. 이때 가장 중요한 것이 투자 종목을 선정하는 과정이다. 주식 투자를 한다는 것은 투자 대상 풀을 만들고 이를 꾸준하게 업데이트 하고 투자 대상 풀에서 고른 종목에 실제 투자를 한 후 투자 성과에 대한 피드백 과정을 거치는 모든 단계라고 할 수 있다. 물론 투자한 종목의 실적이나 이슈 등을 꾸준하게 살피는 것을 게을리해서는 안 될 것이다.

결국 투자 종목을 선정하는 단계는 주식 투자를 실행하기 전이나 투자를 실행한 이후에도 중요하다. 이번 Step 7에서는 실제 주식 투자를 할 때 어느 종목에 투자할 것인가를 고민하고 공부하여 정리하는 과정을 실제적인 내용을 중심으로 설명해 보려고 한다.

주식 투자의 큰 범주,
테마를 정한다

주식 투자 정보 수집과 투자 대상 선별은 밀접한 관계

Part I에서는 투자에 필요한 정보를 수집하는 것과 투자 대상 종목을 선정하는 것을 편의상 분리하여 설명하였다. 그러나 실제로는 분리되어 있는 과정이라고 보기는 어렵다. 다양한 방법으로 정보를 수집하고 이를 바탕으로 투자 대상을 선별하는 것이므로 둘 사이에는 밀접한 관계가 있다. 자신만의 판단 기준을 거쳐 투자 정보를 수집하는 과정에서 이미 투자 대상 종목 선정 과정이 진행되고 있는 것이다. 주식 투자에 필요한 정보를 수집하는 것과 투자 대상 종목을 선정하는 것과의 사이에는 수많은 정보를 걸러내는 자신만의 기준이라는 필터만 존재한다고 할 수 있다.

너무 많은 종목이 있기 때문에
투자 대상 선별하기가 어려움

투자 대상을 선별하기 위해서 개별 종목에 접근할 경우 여러 한계에 부딪힐 수 있다. 글로벌하게 보면 다양한 테마가 존재하고 그 테마별로도 다양한 종목이 있기 때문이다. 다양한 종목과 관련된 정보를 수집하고 자신만의 판단 기준으로 필터링하려면 상당히 많은 시간이 소요될 것이다.

주식 투자 대상을 선정하기 위해 많은 시간을 쓰다 보면 자신의 본업이 훼손될 수도 있다. 자영업자가 주식 투자를 제대로 하기 위해서는 자기 사업을 살피기 보다 주식 종목을 선정하고 살피는 데 상당한 시간을 써야 할 수도 있다. 직장인의 경우에도 주식 투자에 너무 몰입하게 되면 직장에서 담당하고 있는 업무보다 주식 투자에 더 신경을 쓰게 될 것이다. 자신의 본업이나 담당 업무에서의 성과가 부진하게 되면 주식 투자에 따르는 리스크보다 더 큰 리스크에 봉착하게 될 수도 있다. 주식 투자를 직업으로 선택해야 할 것인지를 고민해야 하는 상황에 직면하게 될 수도 있다.

또한 너무 다양한 종목에 관심을 가지게 되면 투자 대상 종목에 대한 선택과 집중이 어렵게 되어 관리가 어려울 수 있다. 주식 시장에 변화 요인이 감지되거나 각종 리스크가 발생하게 되면 보유 종목이나 투자 대상 종목에 대한 관리가 필요하지만 너무 많은 종목을 대상으로 할 경우 적절한 대응이 어려울 수 있다. 여기서 종목을 관리한다는 것은 한마디로 투자 판단을 한다는 것이다. 주가 변동 요인이나 리스크 요인이 발생했을 때 투자된 종목을 사고 팔거나 비중을 조절하는 등의 결정을 내리는 것이다.

투자 범주인 테마를 정하고 투자 대상을 선정하자

이상과 같이 투자 대상 종목을 선정하는 과정에서 발생할 수 있는 여러 문제를 어느 정도 해소하기 위해서는 투자의 범주인 테마를 정하고 그 테마를 중심으로 투자 대상을 선정하는 것이 좋을 것이다.

이를 예를 들어 설명해 보면 세상을 바꾸고 있는 핵심 성장 산업들 중에서 투자 대상 테마를 결정하게 되면 일단 큰 범주로 투자 대상을 좁힐 수 있다. 만약 플랫폼 산업을 핵심 산업으로 생각한다면 플랫폼 산업에 속한 기업들로 투자 대상 종목을 좁혀서 살펴보면 될 것이다.

또한 자신의 투자 성향을 고려하여 자산 배분을 한 후 거기에 맞는 주식을 고를 수도 있다. 자신의 투자 성향이 위험을 회피하려는 성향이라면 인컴형 주식으로 폭을 좁혀서 투자 대상을 살펴볼 수도 있으며 그 중에서도 IT산업에 관심이 많고 해당 분야에 대한 지식을 갖추고 있다면 IT산업에 속한 기업들을 투자 대상으로 한정해 놓을 수 있다.

이런 식으로 큰 범주를 정하고 투자 대상 주식을 선별하는 과정을 거쳐 투자 종목을 고를 수 있다. 투자 범주를 정할 때는 중장기적인 성장 테마, 자신이 몸 담고 있는 업종 관련 테마, 자신의 투자 성향에 따른 테마 등을 먼저 생각해 볼 필요가 있다. 자기가 잘 알고 있고 친숙한 테마가 관리하기가 쉬울 것이기 때문이다. 물론 꾸준한 공부를 통해서 선택 가능한 테마를 늘리는 것도 중요할 것이다.

III

개별 종목을 고를 때
가치 사슬을 활용해 보자

모든 산업은 연관되어 있기 때문에
가치 사슬을 생각해 볼 필요

투자 대상 테마를 결정했다면 해당 산업 혹은 분야의 가치 사슬에 대해 생각해 보는 것도 투자 대상 선별에 도움이 될 수 있다. 실제로 모든 산업은 독자적으로 돌아가지 않고 여러 산업이 상호적으로 관계를 형성하고 있다.

우리가 흔히 알고 있는 1, 2, 3차 산업도 서로 연관되어 있다. 또한 가공 단계별로 분류해 보더라도 원재료, 중간재, 최종재도 어느 하나만 존재하지 않고 서로 연관되어 있다. 국가나 지역별로도 대부분의 상품을 생산하는 생산 기지 역할을 하는 지역, 만들어진 물건을 적극 소비하는 지역, 원자재나 연료 등을 생산하는 지역 등으로 구분되어 있지만 서로 밀접하게 연결되어 있다. 이를 잘 보여주는 사례가 있다. 코로나19가 발생함에 따라 글로벌 공급 체계가 타격을 입었는데 이 점이 인플레를 자극하고 있는 것이다. 상호 연결을 통해 자원 배분의 효율화를 이룰 수 있었고 안정적인 인플레 기조가 유지될 수 있었지만 코로나19로 인해 상호 연결 고리가 약해지면서 인플레가 상승하게 된 것이다.

기업의 가치 사슬이란?

가치 사슬은 기업 활동에서 부가 가치가 만들어지는 과정을 말한다. 기업 활동은 크게 두 가지로 구분한다. 주요 활동primary activities과 지원 활동support activities이다. 주요 활동은 제품이나 서비스를 제공하는 것과 관련되어 있다고 할 수 있다. 원재료를 투입하여 제품을 생산하고 이를 판매하고 사후 관리하는 것까지의 활동을 주요 활동이라고 할 수 있다. 이러한 주요 활동을 간접적으로 지원하는 것을 지원 활동이라고 할 수 있다. 이러한 개념은 1985년 하버드 대학의 마이클 포터 교수가 모델로 정립한 이후 광범위하게 활용되고 있다. 여기서의 가치 사슬 개념은 기업에 국한된 것이다. 하지만 이러한 가치 사슬 개념을 산업 전반으로 확장하여 사용하고 있고 주식 투자 관점에서는 확장된 개념을 더 많이 활용하고 있다고 할 수 있다.

⟨주요 활동⟩
유입 물류: 투입물의 수령, 저장, 배분에 연관된 활동
생산 운영: 투입물을 산출물로 변환시키는 활동
유출 물류: 산출물의 확보, 저장, 배분에 연관된 활동
마케팅: 소비자에게 제품 서비스에 대한 정보 제공 및 소비자의 구매 유도 활동
서비스: 제품 서비스의 효율성을 지속적으로 유지시키기 위한 사후 활동

⟨지원 활동⟩
기업 인프라: 회계, 법적 자문, 재무, 계획, 정치 문제, 소비자와의 관계, 품질 보증,
기업의 원활한 기능을 위한 일반적 관리와 같은 기능과 연관된 활동
인적 자원 관리: 채용, 훈련, 보상 관리 등의 활동
기술 개발: 장비, 하드웨어, 소프트웨어, 투입물을 산출물로 변환시킬 때 요구되는
절차 및 지식 등의 개발과 관리에 연관된 활동
구매 조달: 투입물의 취득 활동(유입 물류에서 수행하는 물리적 운송은 제외함)

가치 사슬 예시: 사업 서비스

좀 더 확장된 개념의 가치 사슬을 몇 가지 예시를 통해 설명해 보려고 한다. 먼저 사업 서비스를 살펴보기로 한다. 과거에는 사업 서비스는 기업 내부에서 해결하거나 외부 조달^{outsourcing}을 하더라도 작은 부분을 소규모로 조달하는 것이 일반적이었다. 하지만 최근 들어서는 외부 조달이 늘어나고 있고 이를 전문적으로 해결해 주는 기업들도 늘어나고 있으며 그 분야도 다양해지고 있다.

다음 그림을 통해서 설명해 보기로 한다. 사업 서비스의 수평적 활동은 대부분의 기업에 적용되는 것이고 산업별 수직 활동은 특정 산업에 적용되는 항목들이라고 할 수 있다.

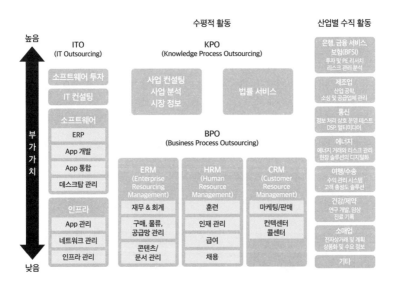

ERP(Enterprise Resource Planning, 전사적 자원 관리): 기업 전체를 경영 자원의 효과적 이용이라는 관점에서 통합적으로 관리하고 경영의 효율화를 기하기 위한 수단. 정보의 통합을 위해 기업의 모든 자원을 최적으로 관리하자는 개념으로 기업 자원 관리 혹은 업무 통합 관리라고 볼 수 있음

데스크탑 관리(탁상 관리, Desktop management): 구내 정보 통신망(LAN) 등 컴퓨터 통신망상의 모든 데스크톱 컴퓨터(PC나 워크스테이션)의 구성과 상태를 중앙 컴퓨터에서 일괄적으로 관리하는 것

KPO(Knowledge Process Outsourcing): 제품 생산이나 회계 등 업무를 아웃소싱하는 데서 한 단계 더 나아가 기획, 전략 수립 등 기업 핵심 부문까지 외부 용역으로 해결하는 방법. 기존 아웃소싱이 표준화된 업무를 통한 비용 절감이 목적이라면 KPO는 평가와 판단까지 외부에 위탁함으로써 매출 증가가 목적

BPO(Business Process Outsourcing): 회사의 핵심 업무를 제외한 과정을 외부 업체에 맡기는 아웃소싱 방식. 예를 들어 구매나 인사, 심지어는 제품 개발 등의 업무를 기획 단계부터 운영, 모니터링까지 모두 외부 업체가 수행. 비용 절감을 위해 부수적인 단순 업무를 위탁하는 전술적인 수준의 개념인 기존의 아웃소싱과 구분

수평적 활동에서 ITO^Information technology outsourcing는 기본적으로 투입되는 것들이라고 할 수 있다. 주로 소프트웨어나 IT 등을 통해 사업 서비스 인프라를 구축하는 과정이라고 할 수 있다. 인프라를 구축한 이후에는 상대적으로 부가 가치가 높은 KPO^Knowledge process outsourcing와 부가 가치가 상대적으로 낮은 BPO^business process outsourcing를 제공하는 단계로 이어지게 된다. 컴퓨터와 관련 활동을 구축하여 KPO와 BPO, 특정 산업별 서비스를 제공하는 단계로 흐름이 이어지게 된다. 이는 실제 사업 서비스가 제공되는 단계라고 할 수 있다.

이러한 사업 서비스는 국내에서 조달^{sourcing}할 수도 있지만 해외 업체로부터 서비스를 제공받을 수도 있다. 이렇게 되면 가치 사슬은 글로벌 가치 사슬^{global value chain, GVC}로 확대될 수 있다. 최근에는 글로벌 차원에서 사업 서비스가 제공되는 경우도 많아지고 있다.

사업 서비스의 가치 사슬 살펴보면 사업 서비스의 인프라를 구축하는 단계와 실제 사업 서비스를 제공하는 단계로 구분할 수 있다. 또한 특정 산업별로 적용되는 사업 서비스도 생각해 볼 수 있다. 사업 서비스가 확장되는 국면에서는 사업 서비스 인프라를 구축하려는 수요가 늘어날 것이므로 인프라 구축 관련 기업에 좀 더 무게를 두고 살펴볼 필요가 있을 것이다. 이때에는 IT 하드웨어 제조, 관련 소프트웨어 개발, 서버 관리, 시스템 관리와 관련된 기업이나 산업이 유망한 투자 대상이 될 수 있을 것이다.

기업의 효율성을 높이기 위한 차원에서 사업 서비스를 외부 조달할 필요성이 커진다면 KPO나 BPO를 제공하는 기업에 무게를 둘 필요가 있을 것이다. 코로나19로 인해 비대면 채널이나 서비스 제공의 분산화가 필요할 경우에도 사업 서비스에 대한 수요가 늘어날 것이라는 점을 생각해 볼 필요도 있을 것이다. 이때에는 데이터를 수집하고 가공하여 해당 기업이나 산업에 솔루션을 제공하는 기업들을 투자 대상으로 선정해 볼 수 있을 것이다.

가치 사슬 예시: 게임 산업

게임산업은 후방산업(개발사), 퍼블리싱^{publishing}(배급사), 전방산업(플랫폼)의 세 가지 단계의 가치 사슬로 구분해 볼 수 있다. 게임을 개발하고 이를 배급하고 최종적으로 게임을 이용할 수 있는 채널을 제공하는 구조인 것이다.

　개발사들은 개발 능력은 갖추고 있으나 운영, 마케팅, 서비스에 대한 경험이 부족하고 자금력이 약한 경우가 많기 때문에 퍼블리싱에 대한 수요가 있을 수밖에 없다. 개발하는 게임이 성공하기 전까지는 수익보다는 비용이 더 크게 발생하게 된다. 따라서 게임 개발이 완료되기 전까지 다양한 업무를 처리해 주고 부수적으로는 개발비 지원을 받을 필요가 있을 것이다.

　가치 사슬 측면에서는 게임 개발과 퍼블리싱이 분리되어 있지만 최근에는 게임 개발과 퍼블리싱의 경계가 사라지는 경향이 나타나고 있다. 개발한 게임이 성공하게 되는 경우가 늘어나고 게임 개발사의 수익성이 개선되면서 현금 보유가 증가하게 된다. 이렇게 되면 개발사가 직접 퍼블리싱 할 수 있을 것이다. 그리고 게임 산업의 규모가 확장되는 경우에는 게임 개발과 퍼블리싱이 결합되는 경우 시너지 효과를 통한 효율성 증가가 나타날 수 있을 것이다.

게임의 유통 방식과 서비스 유형이 다양화되고 있어 게임 플랫폼의 중요성도 커지고 있다. 플랫폼의 역할이 강화되는 것은 그만큼 게임 산업이 성장하고 있다는 것을 반증하는 것이다. 플랫폼의 경우에는 게임 유통망에서 경쟁력을 강화할 필요가 있기 때문에 콘텐츠 강화도 중요할 것이다. 게임 산업의 콘텐츠는 게임 개발사가 공급하는 것이다. 결국 게임 산업이 성장하는 국면에서는 게임 개발사와 배급사, 플랫폼이 상호 성장하는 선순환 과정이 나타날 수 있을 것이다.

후방 산업(개발사)	〈개발 체계〉
	• 기획: 게임 콘텐츠, 기술력, 시장성 기획
	• 설계: 소프트웨어 Architecture, 프로그램, 그래픽 설계
	• 개발: 프로그램 모듈 개발, 아웃소싱
	• 테스트: 알파 테스트, 클로즈 베타 테스트
	• QA(Quality Assurance) 및 공급
	〈기술 유형〉
	• 가상 현실(VR), 증강 현실(AR)
	• 혼합 현실(MR)
	• AI 기반 게임

Publishing(배급사)	• 판매 • 영업 • 개발 • 자금 지원 • 유통망 지원	• 하드웨어 공급자 : 전용 게임기/단말기 제조
		• 네트워크 공급자 : NSP, ISP

전방 산업(플랫폼)	〈유통 방식〉
	• 온라인 플랫폼: 스팀, 에픽게임즈, 오리진 등
	• 모바일 플랫폼: 구글플레이, 앱스토어, 원스토어 등
	〈서비스 유형〉
	• 아케이드 게임
	• 콘솔 게임
	• PC 게임
	• 모바일 게임
	• 클라우드 게임

이를 주식 투자 관점에서 생각해 보면 게임 산업이 성장하는 국면이라고 판단되면 게임 개발사, 배급사, 플랫폼에 분산해서 투자하는 것을 생각해 볼 수 있다. 각 단계를 분리해서 생각할 수 없는 산업이라고 판단되기 때문이다. 여기서도 각 단계별로 경쟁

력 있는 기업을 투자 대상으로 선정해야 하는 기본은 잊지 말아야 한다. 가치 사슬의 각 단계별로 경쟁력 있는 기업을 골라서 한두 종목씩 보유하는 것이다.

또한 자신이 게임 산업을 잘 알고 있다면 가치 사슬의 각 단계별 현 상황에서 가장 중심이 되는 단계를 선택하여 투자할 수도 있다. 현재 플랫폼의 지위가 중요하다고 판단하고 있다면 게임산업의 전방 산업인 플랫폼 기업에 투자하면 될 것이다. 게임 플랫폼 기업의 경우 콘텐츠 조달 능력이 중요할 것이므로 경쟁력 있는 게임 개발사를 보유하고 있는 플랫폼 게임 기업을 투자 대상으로 생각해 볼 수 있을 것이다.

몇 가지 생각을 정리해 보기

생각을 정리해 보는 몇 가지 과정을 살펴보면 좀 더 가치 사슬을 쉽게 이해할 수 있을 것이다.

먼저 아주 간단하게 친환경 테마를 생각해 보자

지구 온난화로 인한 기후 변화에 대한 우려가 제기되면서 이를 방지하기 위한 국제적인 협력 필요성이 강력하게 대두되고 있다. 이러한 노력의 일환으로 이산화탄소 배출을 제한해야 한다는 움직임이 강화되고 있다.

이러한 움직임에서는 이산화탄소 배출의 주요 원인인 화석 연료 사용을 줄여야 한다는 생각까지 확장해 볼 수 있을 것이다. 화석 연료 사용을 줄이기 위해서는 전기차, 신재생 에너지, 폐기물 처리, 환경, 배터리 등의 산업이 기존 산업을 대체하거나 위상이 강화되는 과정이 나타날 것이라는 생각을 할 수 있다. 이에 투자 대상을 이들 산업이라는 범주로 좁히겠다고 생각해 볼 수 있다. 이산화탄소 배출 제한이라는 글로벌 이슈가 전기차, 신재생 에너지, 폐기물 처리, 환경, 배터리 등의 산업과 관련된 테마로 좁혀지게 된 것이다.

기존 내연 기관 자동차가 중장기적으로
전기 자동차로 대체될 것이라고 한다

전기차로 대체되는 과정에서 자율 주행에 대한 관심이 높아지고 있다. 자동차의 개념이 내연 기관 자동차에서 전기차로 바뀌게 되면 자동차를 스마트폰과 같은 하나의 단말기(혹은 디바이스)로 볼 수도 있을 것이기 때문이다.

자율 주행이 가능하게 되려면 핵심 기술인 인공지능 기술이 발전해야 한다. 인공지능이 진화하려면 수많은 빅데이터가 필요할 것이다. 빅데이터는 글자 그대로 많은 용량의 저장 장치가 필요하게 된다. 이러한 저장 장치는 클라우드 컴퓨팅이나 에지 컴퓨팅 관련 기술이 뒷받침되어야 하고 여기에 저장된 빅데이터를 처리하여 실제 인공 지능 기술 발전에 필요한 정보로 만들어야 한다. 자율 주행의 수단은 주로 전기차가 될 것이므로 오래 사용할 수 있고 안정성도 높은 배터리 기술이 필요하게 될 것이다. 전기차가 공간의 제약을 벗어나 비행으로까지 생각을 확장한다면 플라잉카flying car나 탑승용 드론까지도 생각이 확장될 수 있다.

전기차로의 운송 수단의 변화가 생기면 기존 자동차 부품사의 변신 혹은 새로운 소재(반도체 포함) 사용이 증가하게 될 것이다. 결국 전기차로 자동차의 개념이 바뀌는 과정에서 다양한 산업 관련 테마를 생각할 수 있게 된다. 그러나 전기차로 완전하게 대체되는 데에는 장기간의 시간이 소요될 것이기 때문에 국면에 따라 관심있게 보아야 할 테마는 달라질 수 있다.

플랫폼 기업은 데이터 분석에 기반하여
이용자 편의성을 크게 개선하는 방향의 사업을 전개한다

플랫폼 기업은 다양한 산업에서 출현할 수 있을 것이다. 그동안 다양한 유통 구조상 효율성이 떨어지거나 이용이 불편했던 것들이 모두 플랫폼 기업의 사업 영역이 될 수 있을 것이다. 여기서 중요한 것은 다양한 데이터를 수집하고 분석해서 실제 편의성을 개선하고 효율성을 높일 수 있도록 플랫폼을 구축하는 것이다. 기본적인 취지는 공유를 통한 생활의 질을 개선하는 것이라고 할 수 있다.

이러한 생각들을 정리해 보면 데이터를 저장하고 분석하는 것이 중요한 테마가 될 것이다. 또한 플랫폼 구축과 운영에 필요한 소프트웨어, 인력 등이 필요할 것이다. 여기에 인공지능, 공유경제, 물류 등도 부수적으로 필요한 것들이 될 것이다.

4차 산업 혁명의 핵심은 디지털화라고 할 수 있다

이를 위해 디지털 트랜스포메이션digital transformation이 진행되고 있다. 디지털 트랜스포메이션은 기존의 사업에 디지털화를 진행하여 사업의 혁신을 추진하는 과정이라고 할 수 있다. 즉, 물건을 제조하는 기업은 생산 제조 과정을 디지털화하여 생산의 효율성을 높이려고 할 것이다. 상품을 유통하는 기업은 디지털화를 통해 물류 시스템을 개선하고 유통 과정의 효율성을 높이려 할 것이다.

이에 필요한 것들은 데이터를 수집하고 이를 가공하여 디지털화를 할 수 있도록 하는 것이 될 것이고 가상 공간에서의 작업이 가능할 수도 있어야 할 것이다. 생산 시스템에 디지털화, 인공지능 기술 등이 도입되어야 할 것이므로 이러한 것들에서 클라우드, 데이터 처리, 5G, 스마트 팩토리, 인공지능, 메타버스(가상 공간) 등으로 테마를 구체화해 볼 수 있을 것이다.

세상을 바꿀 수 있는 변화가 발생하고 있는데
이를 종합해서 몇 가지 테마로 투자 대상을 좀 더 좁혀볼 수 있다

앞에서 본 생각들을 정리해 보면 클라우드, 데이터 및 데이터 관련 인프라, 데이터 수집을 위한 장치 관련, 친환경 에너지 생산과 그 에너지의 저장 수단 등을 공통된 테마로 생각해 볼 수 있다. 이러한 관점에서 범주를 나누고 이에 해당되는 종목을 투자 대상으로 선정해 볼 수 있을 것이다. 이때 테마를 정하는 것은 이미 정리된 테마를 이용해도 될 것이고 자신이 생각하는 나름대로의 테마로 정리해도 될 것이다.

테마를 결정하는 또 다른 방법으로는 자신이 잘 아는 분야를 중심으로 정리하고 점차 다른 분야로 넓혀가는 것도 생각해 볼 수 있다. 현재 자신이 종사하고 있는 일은 가장 잘 알고 있는 분야라고 할 수 있다. 자신이 잘 알고 있는 분야이기 때문에 이해가 쉬울 것이고 발생할 수 있는 리스크에 대해서도 잘 알고 있을 것이다. 그 분야가 지금 현재 유망한 산업 분야가 아니라고 하더라도 변화가 발생할 가능성이 있는 기업이나 산업 분야를 파악할 수 있을 것이므로 투자 대상으로 선정할 수 있을 것이다. 또한 관련 산업에 대해서도 파악이 어렵지 않을 것이므로 그러한 산업으로 시야를 확장해 볼 수도 있을 것이다.

세상을 바꾸고 있고 변화나
혁신을 추구하는 기업을 투자 테마로

이상을 종합해 보면 세상을 바꾸는 기술에 대한 생각들을 정리해 보면 공통된 업종이나 기술들을 찾을 수 있는데 이를 투자 대상 테마로 선정하고 해당 기업을 찾아 가는 것이 현실적인 방법이라 는 것이다. 또한 자신이 종사하고 있거나 잘 알고 있는 산업을 투 자 대상 테마로 선정하거나 관련된 산업으로 시야를 넓혀 보는 방법도 있다는 것이다.

다만 테마를 선정할 때에는 세상을 바꾸고 있거나 변화나 혁신 을 추구하고 있는 방향의 테마를 선정한다는 본질을 잊지 말아야 한다는 것이다. 아무런 변화가 나타나지 않는 테마, 혁신을 수반 하지 않는 테마는 생명력이 길지 않을 수 있고 투자 대상 종목을 찾기 어려울 수 있기 때문이다. 역사적으로 변화가 없거나 혁신 이 일어나지 않은 산업이나 기업은 사라지거나 다른 산업으로 흡 수될 수밖에 없었다는 점을 생각해 보아야 할 것이다. 이러한 테 마는 장기 투자 대상일 수 없을 것이다.

단기적으로 부상하는 테마는 주의해야

또한 단기적으로 형성되는 테마, 별다른 변화 없이 부상하는 테마는 주의해야 할 테마이다. 주로 선거철에 등장하는 테마들, 정치인 관련 테마, 대북 관련 테마 등이 이러한 부류의 테마이다. 대선 후보와 관련된 주식, 대북 관련 주식 등으로 불리는 것들은 일시적으로 부각되었다가 쉽게 사라지는 경향이 강하다. 이 과정에서 선의의 피해자들이 발생하기도 하였음을 잊지 말아야 한다. 주식 시장에 갑자기 등장한 테마에 대해서는 한 번 더 생각해 볼 필요가 있다. 주가 상승의 근거가 희박한 상태로 형성된 테마는 오래갈 수가 없기 때문이다. 뿌리 깊은 나무가 흔들리지 않고 오래 가는 것이다.

IV

탑 기업과 경쟁 기업도
함께 볼 것(ft. 테마형 ETF)

경쟁력 있는 기업은 항상
그 자리에 있지 않을 수도 있음

주식 투자 대상 기업을 선정하거나 풀링하는 작업은 실제 투자 대상 기업을 선정하는 과정이라는 중요한 의미가 있다. 여기에 투자 대상 기업을 선정하고 풀링하는 과정을 통해 글로벌 트렌드 변화에 대한 자신의 생각을 정리해 볼 수 있다는 의미도 있을 것이다.

　글로벌 산업 변화를 주도하는 테마를 선정한 후 이에 해당되는 기업들 중에서 가장 경쟁력이 높은 기업에 투자하는 것이 바람직한 투자 방법이라고 할 수 있다. 하지만 새로운 변화가 나타나고 있는 분야에 포함되어 있는 기업의 경우 현재 높은 경쟁력을 가지고 있다고 하더라도 그 지위가 계속 유지되기 어려운 경우가 많다. 이들 기업은 경영자의 사업 방향 설정, 설비 투자의 방향 및 규모, 임직원들의 구성 및 관리 방법 등에 따라 해당 테마나 업종 sector내에서 경쟁력의 순위가 바뀔 수 있는 것이다.

변화에 적절한 대응하지 못한다면
경쟁력을 잃을 수도 있음

빠르게 변화하는 기업 환경 변화에 대해 경영자가 적절한 방향 설정을 하지 못하거나 유연한 의사 결정을 못하게 된다면 그 기업의 경쟁력은 빠르게 하락할 수 있다. 해당 테마에 해당하는 기업이 초기에는 과점적인 지위에 있었다고 하더라도 환경 변화에 대응이 적절하지 못하였다면 기존의 지위는 위협받을 수밖에 없을 것이다.

유통 산업의 경우 플랫폼 기업에 진입하면서 판매 채널이 오프라인에서 이커머스(온라인)로 급격하게 변화하게 되었다. 이러한 국면에서 기존 유통 기업이 적절한 대응을 하지 못할 경우 시장 지위를 잃거나 생존이 어려울 수도 있을 것이다. 기존의 유통망에 새로운 판매 채널을 접목하는 등의 노력을 통해 위기에서 벗어나야 할 것이지만 이커머스 기업의 진입을 원천적으로 막을 수는 없을 것이나.

　미국 유통 산업의 예를 생각해 보자. 미국에서는 온라인 유통을 선도하는 아마존이 부상하면서 기존 오프라인 유통의 대표적인 강자였던 메이시 백화점, 시어스 백화점 등이 문을 닫았다. 이외에도 오프라인 유통업체들은 크게 위축되거나 몰락하는 변화가 나타났다. 이러한 변화에서도 오프라인 유통업체인 월마트는 아마존의 도전을 이겨내며 오프라인 유통업체들의 생존 전략을 새롭게 제시하고 있다. 월마트는 고객을 중심에 두고 온라인 유통을 강화하고 라스트 메일 배송 전략과 오프라인 매장을 활용한 배송 전략 등을 통해 온라인 유통업체인 아마존의 공격을 방어해 내면서 새로운 성장 전략도 추진하였다. 물론 이에 필요한 기술이나 인수합병 투자에도 적극적인 입장을 보였다. 기존에 보유하고 있는 강점에 온라인 채널을 보완하는 전략적인 대응을 통해 위기를 극복하였다고 할 수 있다.

　투자자들은 아마존과 같이 새로운 변화를 주도하고 있는 기업을 투자 대상으로 선정할 수 있을 것이다. 또한 좀 다른 관점에서 생각해 보면 오프라인 유통 기업 중에서의 변화에 적응하면서 새로운 성장의 발판을 찾아가는 기업도 투자 대상으로 선정할 수 있을 것이다. 살아남은 유통 기업이 몰락한 오프라인 유통 기업들의 몫을 어느 정도는 가져갈 수 있을 것이기 때문이다.

가치 사슬의 단계별로 경쟁력 확보가
가능한 기업을 선별해 놓을 수도 있음

해당 테마의 가치 사슬별로 경쟁력 확보가 가능한 기업들을 투자 대상으로 선별해 놓는 방법도 생각해 볼 수 있다. 경쟁력 있는 기업에 투자하는 것이 가장 중요한 방법이지만 경쟁력의 지위는 항상 변할 수 있기 때문에 경쟁력 확보가 가능한 기업들을 선정해 놓을 필요가 있는 것이다.

여기서는 크게 두 가지 경우의 예를 들어서 설명해 보겠다. 하나는 동일한 업종이나 테마에 포함되어 있는 기업들에 관한 것이고 다른 하나는 동일한 산업 내에서 다른 역할을 수행하고 있는 기업들에 관한 것이다.

동일한 업종이나
테마에 포함되어 있는 기업들

어떤 테마나 업종 내에 여러 기업 중 향후 경쟁력 우위를 차지할 수 있는 기업이 A, B, C의 3개 기업이 있고 현재 경쟁력 순위는 A-B-C 순으로 되어 있다고 가정한다. 통상적으로 현재 경쟁력 1위 기업이 그 지위를 계속 유지하기 어려운 것이 현실인데 이점을 반영해 보기로 한다.

각 기업의 노력 여하에 따라 B기업이나 C기업이 경쟁력 1위로 올라설 가능성을 배제할 수는 없다. 이 경우에는 해당 테마나 업종 내 투자 대상 풀에는 경쟁력 상위 기업인 A, B, C기업을 포함시키고 실제 투자를 실행할 때에는 A, B, C기업이나 A, B기업에 분산해서 투자하는 방법을 생각해 볼 수 있다. A, B, C기업 중 확고한 경쟁력 1위 기업이 확정되었다는 판단이 설 때까지는 분산해서 투자를 하는 것이다. 이때 투자 비중은 순위별로 차등해서 결정하면 될 것이다. 예를 들어 A, B, C기업에 해당 테마에 대한 투자 금액의 50%, 30%, 20%를 각각 투자하는 것이다. 이후 경쟁력 관점에서 지위가 강해지는 기업으로 비중을 높이고 지위가 약해지는 기업의 비중을 낮추는 것이다.

동일한 산업 내에서
다른 역할을 수행하고 있는 기업들

또 다른 예로는 해당 테마나 업종의 가치 사슬 관점에서 A기업은 원천 기술이나 원재료에서, B기업은 생산 장비에서, C기업은 완성품에서 경쟁력 우위를 보유하고 있는 경우를 생각해 보자. 현재 해당 산업이 성장 초기 국면이므로 원천 기술이나 원재료 부문에서 우위 확보가 중요하다면 A기업이 경쟁력 우위에 있을 것이다. 하지만 점차 생산 장비, 완제품의 중요성이 높아지는 방향으로 변화해 나갈 것이기 때문에 이들 3개 기업 모두에 균일하게 투자하지 않고 산업의 발전 국면별로 비중을 조절해 가는 방법도 생각해 볼 수 있다.

현재가 산업 발전 단계의 초기 국면이라고 한다면 A기업에 무게를 두고 투자를 하고 설비 투자가 늘어나는 국면이라면 B기업에 무게를 두는 것이다. C기업의 경우 완제품에 대한 수요가 늘어나는 국면에서 투자 비중을 높이는 식으로 투자하는 것이다. 아니면 산업별 발전 단계를 잘 알지 못하지만 장기 투자자 스타일로 투자를 할 계획이라면 업종 내 경쟁력 있는 완성품 기업에 적립식 형태로 꾸준하게 투자하는 방법도 고려해 볼 수 있을 것이다.

초보 주식 투자자의 경우
ETF도 고려해 볼 필요

초보 주식 투자자의 경우에는 ETF에 투자하는 방법도 생각해 볼 필요가 있다. 이러한 가치 사슬 등을 고려해서 투자 비중을 조절해 주는 것이 테마형 ETF이라고 할 수 있기 때문이다. 최근에는 액티브 펀드 형태의 ETF도 상장되고 있지만 대부분은 패시브 펀드를 상장한 ETF이다. 앞에서도 설명했듯이 패시브 펀드는 특정한 지수를 추종하기 때문에 해당 지수에 포함되는 주요 종목들이 포함된다. 그리고 테마형 ETF는 정기적으로 편입 종목의 비중을 조절하게 되는데 이때 가치 사슬도 고려되는 것 중에 하나이다.

이에 따라 가치 사슬에 대해 이해가 잘 안되거나 이해를 해도 거기에 맞추어 투자를 실행하기 어렵다면 테마형 ETF를 활용하는 것도 고려해 볼 필요가 있다. 특히 초보 주식 투자자의 경우 테마형 ETF를 이용해 보는 것도 괜찮은 투자 방법이라고 할 수 있다. 여기서 중요한 것은 앞에서 설명했던 투자 대상을 선정하는 전체 과정에 대해 이해를 한 후에 테마형 ETF에 투자를 하는 것이다. 전체 주식 투자 과정을 이해하지 않고 누군가의 추천만으로 테마형 ETF에 투자하는 것은 남의 말만 듣고 주식에 투자하는 것과 크게 다르지 않기 때문이다.

V

풀링은
자신만의 루틴이 필요

투자 대상 선정은 일회성 단계가 아님

지금까지 초보자가 주식 투자를 하는 과정을 마인드 세팅, 정보 수집, 투자 대상 선정(풀링), 실제 투자와 리스크 관리의 순서대로 설명하였다. 여러 단계 중 투자 대상 선정 단계는 실제 주식 투자 과정을 수행하는 데 단 한 번만 실행하면 되는 단계가 아니다. 모든 단계가 반복되고 피드백 되는 과정을 거치면서 꾸준하게 투자 대상 선정이 이루어지게 되는 것이다.

마인드 세팅을 하고 투자 정보를 수집하여 투자 대상을 선정한 후 주식 투자를 실행하였다고 하자. 이후에는 그냥 손 놓고 기다리는 것은 아니다. 투자 대상과 관련된 기업이 매 분기 발표하는 실적들을 살펴보면서 투자 대상들을 재검토해야 한다. 실제 투자해 놓은 기업의 경생력이 하락하고 있다면 새롭게 부상하는 기업으로 대체하는 것도 고민해야 한다. 피드백 과정을 통해서 투자 대상을 항상 신선하게 관리해야 실제 투자에서 성공 확률이 높아질 수 있는 것이다. 또한 주식 투자를 하는 데 있어서 다양한 경로로 수많은 정보가 들어오기 때문에 초기에 먹은 마음이 바뀔 수도 있다. 마인드 세팅도 주식 투자 초기에 한 번만 하는 것이 아닌 것이다.

결국 투자 대상 선정 단계는 여타 단계와 상호 연결되어 있고 꾸준히 반복해야 하는 것이다. 그 중 투자 대상 선정은 실제 투자와 직결되어 있고 장기 투자자라고 한다면 항상 반복해서 실행해야 하는 단계라는 점을 잊지 말아야 한다. 투자 대상 선정 과정을 항상 반복해서 실행하기 위해서는 투자 정보를 수집하는 것도 투자 실행 후 피드백 과정도 반복해야 할 것이다.

장기 투자자의 길을 가기 위해서는
자신만의 루틴을 찾아야

투자 대상 선정 과정은 개인별로 그 스타일이 다를 수 있다. 또한 어느 하나의 정답이 있는 것은 아니다. 사람마다 적용하는 방법이 다를 수 있기 때문에 앞에서 다양한 예를 생각해 보면서 공부하고 시도하고 돌이켜 보면서 자신만의 루틴이나 방법을 점차 찾아가야 할 것이다.

대한민국에서
가장 쉽게 쓴 주식책

초판 1쇄 발행 2023년 11월 28일

지은이 구용욱
펴낸곳 ㈜에스제이더블유인터내셔널
펴낸이 양홍걸 이시원

블로그 · 인스타 · 페이스북 siwonbooks
주소 서울시 영등포구 국회대로74길 12 시원스쿨
구입 문의 02)2014-8151
고객센터 02)6409-0878

ISBN 979-11-6150-781-1 03320

시원북스는 ㈜에스제이더블유인터내셔널의 단행본 브랜드
입니다.

독자 여러분의 투고를 기다립니다.
책에 관한 아이디어나 투고를 보내주세요.
siwonbooks@siwonschool.com